방과후컴퓨터교실

한 셀 2010

HCell 2010

 렉스미디어 홈페이지(http://www.rexmedia.net)에서 [자료실]–[대용량 자료실]을 클릭한 후 [방과후컴퓨터교실]을 클릭한 다음 [한셀 2010.exe]를 클릭합니다.

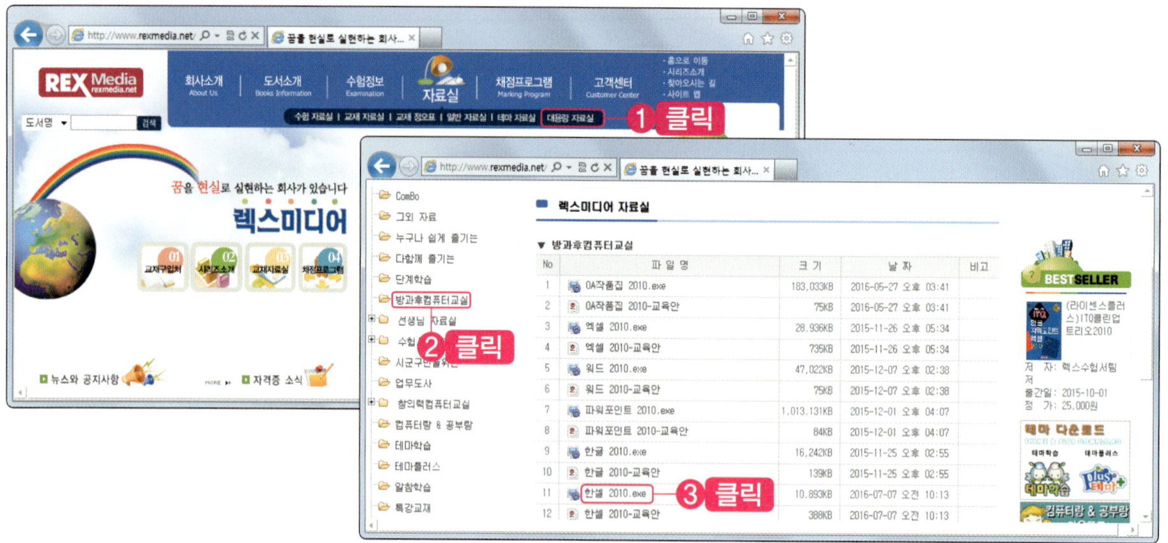

 한셀 2010.exe를 실행하거나 저장할 것인지 묻는 대화상자가 나타나면 [실행] 단추를 클릭합니다.

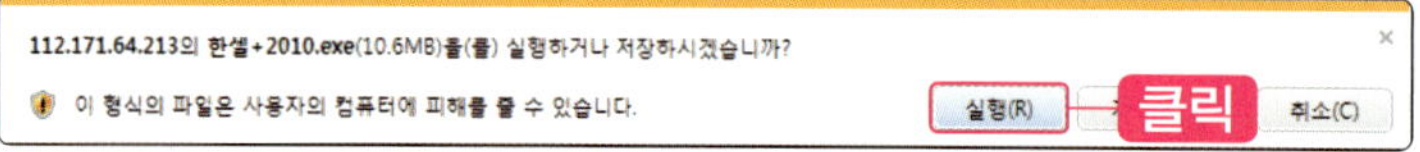

 한셀 2010.exe의 게시자를 확인할 수 없다는 메시지와 함께 프로그램을 실행할 것인지 묻는 대화상자가 나타나면 [실행] 단추를 클릭하여 한셀 2010 자료를 다운로드합니다.

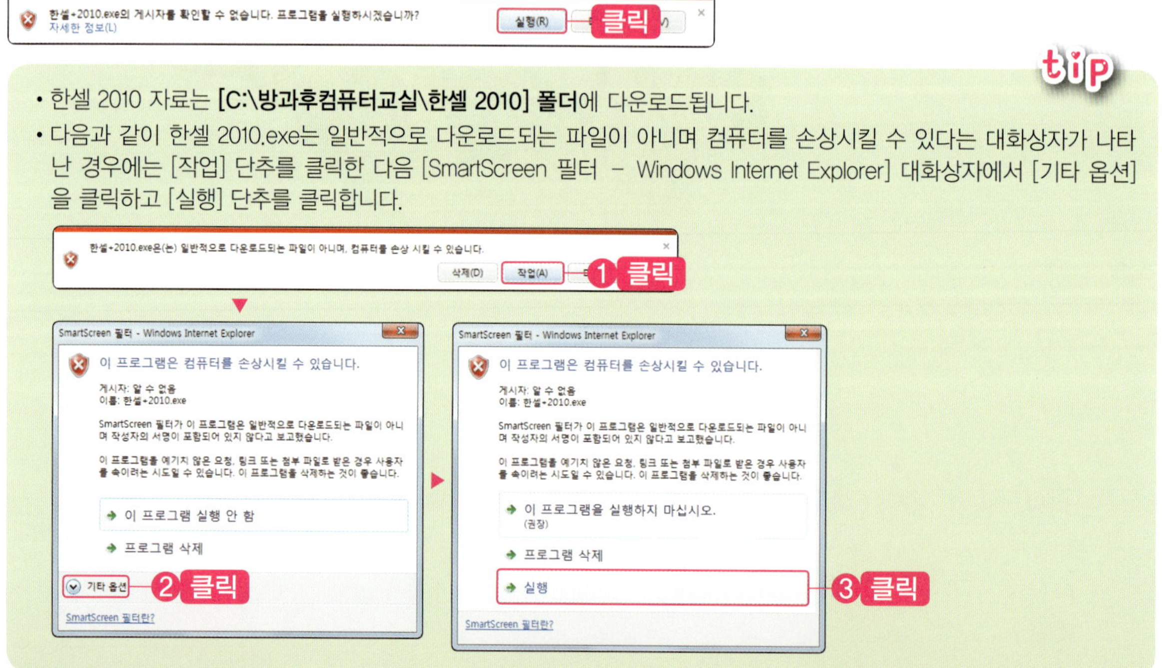

• 한셀 2010 자료는 [C:\방과후컴퓨터교실\한셀 2010] 폴더에 다운로드됩니다.
• 다음과 같이 한셀 2010.exe는 일반적으로 다운로드되는 파일이 아니며 컴퓨터를 손상시킬 수 있다는 대화상자가 나타난 경우에는 [작업] 단추를 클릭한 다음 [SmartScreen 필터 – Windows Internet Explorer] 대화상자에서 [기타 옵션]을 클릭하고 [실행] 단추를 클릭합니다.

한셀 2010 자료는 다음과 같이 구성되어 있습니다.

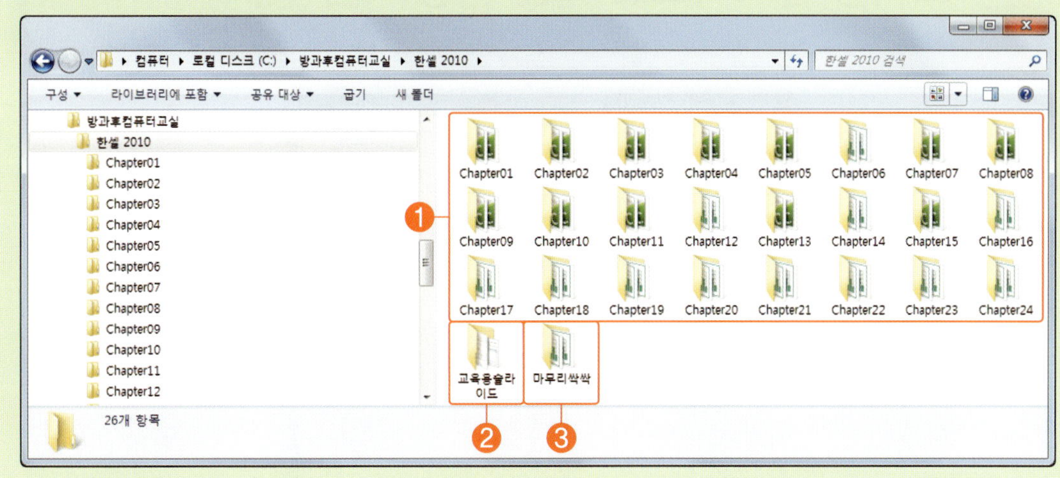

❶ **[Chapter01] 폴더 ~ [Chapter24] 폴더** : Chapter별로 단계별 따라하기와 미션(Mission) 확인 문제에서 사용할 연습파일과 완성파일이 담겨져 있습니다.

❷ **[교육용슬라이드] 폴더** : 한셀 2010의 기본 기능을 학습할 수 있는 교육용 슬라이드가 담겨져 있습니다.

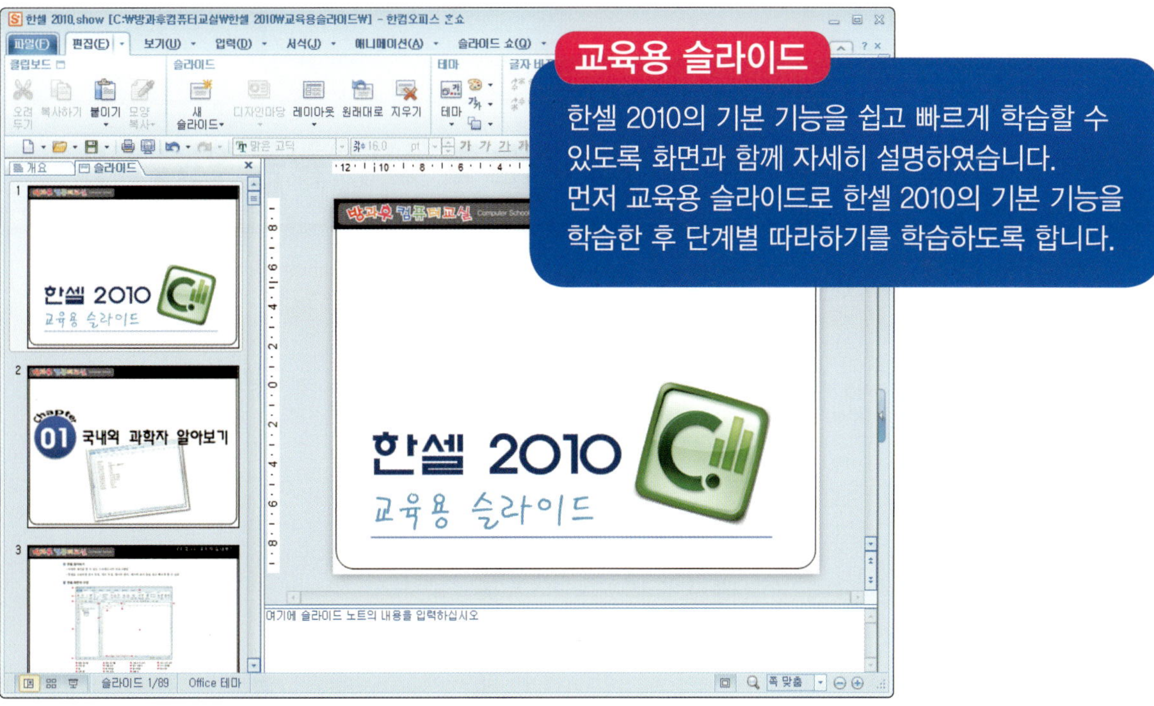

❸ **[마무리싹싹] 폴더** : 마무리 싹싹에서 사용할 연습파일과 완성파일이 담겨져 있습니다.

⭐ 1 단계 교육용 슬라이드로 기본 기능 학습~!!

⭐ 2 단계 단계별 따라하기로 기능별 실무 활용 연습~!!

글자 서식 지정하기

1. '철도의 최초와 최고' 문서를 연 후 A2셀과 A7셀을 함께 선택한 다음 [서식] 탭-[글자] 그룹에서 글꼴(HY나무M), 글자 크기(14), 글자 색(바다색)을 선택

> **Tip**
> • A2셀을 선택한 후 Ctrl을 누른 상태에서 A7셀을 선택하면 A2셀과 A7셀을 함께 선택할 수 있습니다.
> • [글자 색]의 ▾[목록] 단추를 클릭한 후 [색상 테마]로 마우스 포인터를 가져가면 기본, 오피스, 잔상 등의 색상 테마를 선택할 수 있습니다. 바다색은 기본 색상 테마에 있습니다.

2. A3:A5셀 범위와 A8:A10셀 범위를 함께 선택한 후 [서식] 탭-[글자] 그룹에서 **가**[진하게]를 클릭

테두리 서식 지정하기

③ 단계 미션(Mission) 확인 문제로 학습 내용 점검~!!

Mission 확인 문제

❶ 다음과 같이 '좋아하는 과목' 문서를 연 후 차트를 삽입한 다음 차트 스타일을 적용해 보세요.

- 차트 데이터 범위 : [Sheet1] 시트의 D16:H17셀 범위
- 차트 종류 : [값(Y) 축 간격 좁게 표시 묶은 세로 막대형]
- 차트 스타일 : [초록색/붉은색 혼합, 흰색 테두리, 그림자 모양]

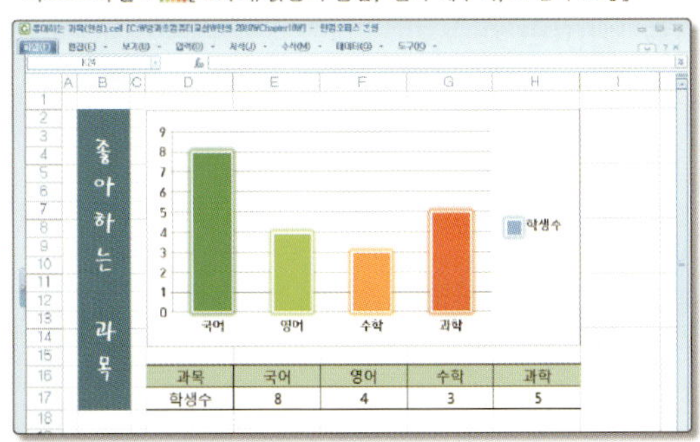

❷ 다음과 같이 '과일 판매량' 문서를 연 후 차트를 삽입한 다음 차트 스타일을 적용해 보세요.

- 차트 데이터 범위 : [Sheet1] 시트의 D2:J3셀 범위
- 차트 종류 : [자료점 이름표(값) 표시 쪼개진 원형]

④ 단계 단원 종합 평가 문제로 학습 내용 마무리 점검~!!

단원 종합 평가 문제

01 다음 중 입력할 수 있는 데이터를 지정하여 데이터를 잘못 입력하면 입력할 수 없도록 제한하는 기능은 어느 것입니까?

① 데이터 유효성 검사 ② 이름 정의

③ 자동 필터 ④ 고급 필터

02 다음 ☐ 안에 들어갈 말은 무엇인지 쓰시오.

> ☐은(는) 수치 데이터를 막대나 원 등으로 표시해 주기 때문에 한 눈에 파악할 수 있습니다.

03 다음 중 월이나 연도와 같이 일정한 기간 동안의 데이터 추세를 표시하는 경우에 사용하는 차트는 어느 것입니까?

①   ②

③   ④

04 다음 중 데이터를 일정한 순서에 의해 차례대로

06 다음 중 고급 필터에 대한 설명으로 옳지 않은 것은 어느 것입니까?

① 필터링은 많은 데이터 중에서 원하는 데이터만 표시하는 작업을 말합니다.

② 고급 필터는 조건을 입력하여 필터링을 합니다.

③ 고급 필터는 자동 필터로는 원하는 데이터를 표시할 수 없는 경우에 많이 사용합니다.

④ 고급 필터는 원하는 데이터를 다른 위치에 표시할 수 없습니다.

07 다음 중 고급 필터에서 나라가 '대한민국'이고 수출비중이 10 이상인 데이터만 표시되도록 조건을 입력한 것은 어느 것입니까?

① 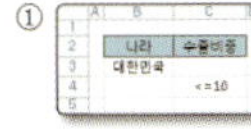
② 
③ 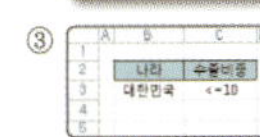
④ 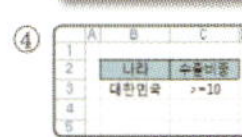

한셀 2010 목차

Chapter 01 국내외 과학자 알아보기

✎ 한셀을 실행하고 문서를 작성하는 방법에 대해 알아보겠습니다.
✎ 문서를 저장하고 한셀을 종료하는 방법에 대해 알아보겠습니다.

먼저 공부 할 내용
한셀 2010.show(Chapter01)

완성작품 미리보기

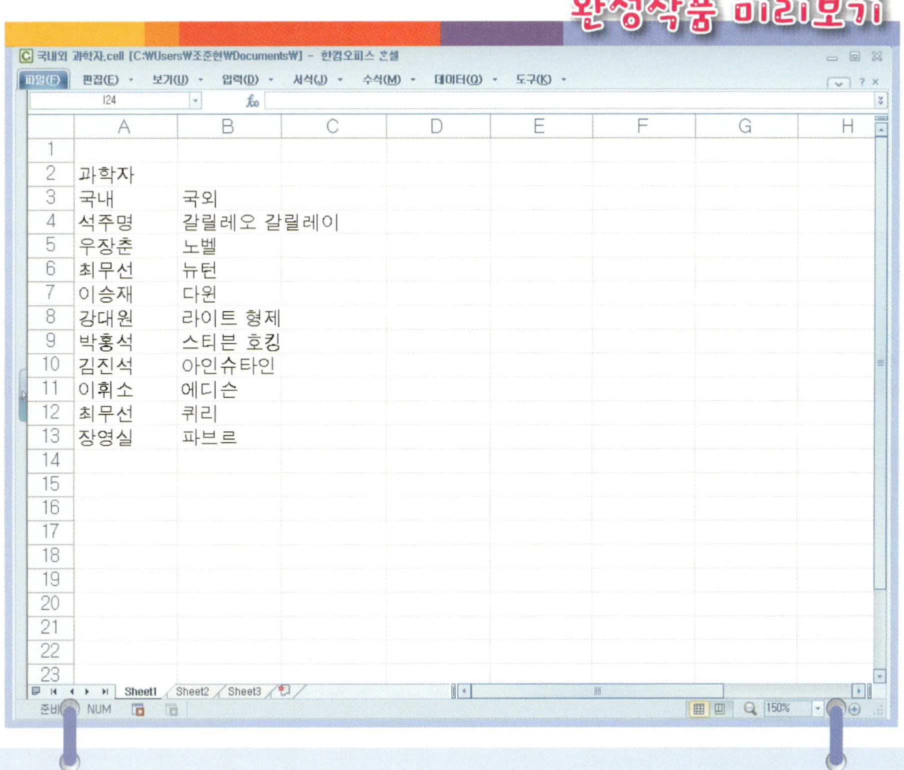

	A	B	C	D	E	F	G	H
1								
2	과학자							
3	국내	국외						
4	석주명	갈릴레오 갈릴레이						
5	우장춘	노벨						
6	최무선	뉴턴						
7	이승재	다윈						
8	강대원	라이트 형제						
9	박홍석	스티븐 호킹						
10	김진석	아인슈타인						
11	이휘소	에디슨						
12	최무선	퀴리						
13	장영실	파브르						

에디슨은 2천 번의 실패를 거듭한 끝에 전구를 발명하였다고 합니다. 훌륭한 과학자를 보면 포기하지 않고 노력하면서 무슨 일이든지 긍정적으로 생각하는 것이 중요한 것 같은데요. 그럼 국내외 과학자는 누가 있는지 한셀에서 문서를 작성하면서 알아볼까요?

한셀 실행하기

1. 작업 표시줄에서 [시작] 단추를 클릭한 후 [모든 프로그램]–[한글과컴퓨터]를 클릭한 다음 [한컴오피스 2010]을 클릭하고 [한컴오피스 한셀 2010]을 클릭

문서 작성하기

2. 한셀이 실행되면 A2셀에 '과학자'를 입력한 후 Enter 를 누름

	A	B	C	D	E	F	G
1							
2	과학자						
3							
4							
5							
6							
7							
8							
9							
10							
11							
12							
13							
14							
15							
16							

3. 같은 방법으로 데이터를 입력

	A	B	C	D	E	F	G
1							
2	과학자						
3	국내	국외					
4	석주명	갈릴레오 갈릴레이					
5	우장춘	노벨					
6	최무선	뉴턴					
7	이승재	다윈					
8	강대원	라이트 형제					
9	박홍석	스티븐 호킹					
10	김진석	아인슈타인					
11	이휘소	에디슨					
12	최무선	퀴리					
13	장영실	파브르					
14							
15							
16							

문서 저장하기

4. [파일] 탭-[저장하기]를 클릭

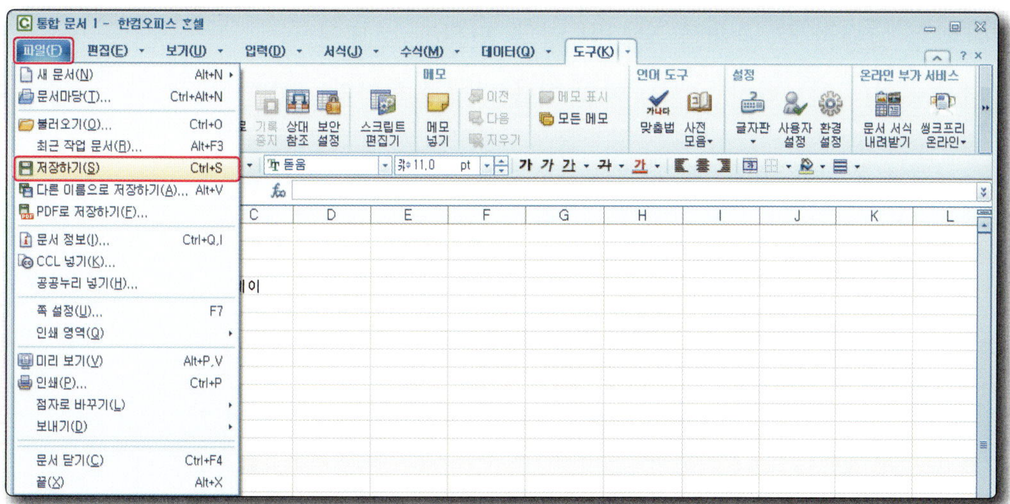

5. [다른 이름으로 저장하기] 대화상자가 나타나면 저장 위치(라이브러리\문서)를 선택한 후 파일 이름(국내외 과학자)을 입력한 다음 [저장] 단추를 클릭

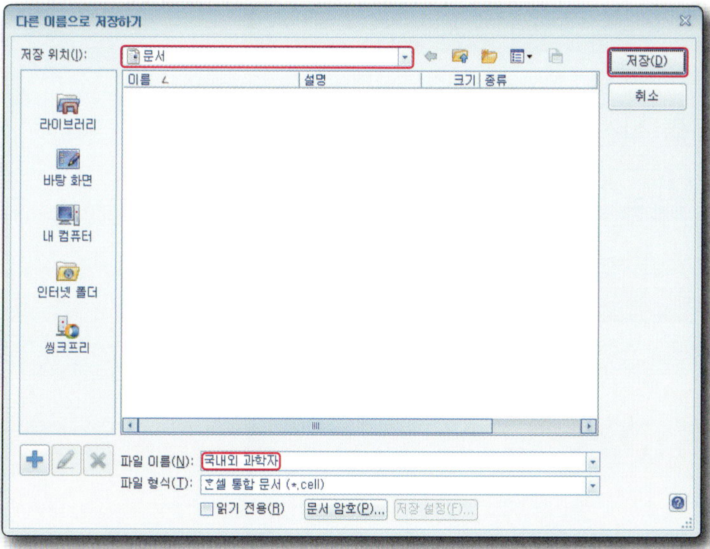

한셀 종료하기

6. [파일] 탭-[끝]을 클릭

7. 한셀이 종료된 것을 확인

새 문서 만들기

[파일] 탭-[새 문서]를 클릭하거나 **Alt**+**N**을 누르면 기존 문서를 그대로 둔 상태에서 새 문서를 만들 수 있습니다.

1 다음과 같이 한셀을 실행한 후 문서를 작성한 다음 저장해 보세요.

- 문서 저장 : 저장 위치(라이브러리\문서), 파일 이름(과학과 과학자)

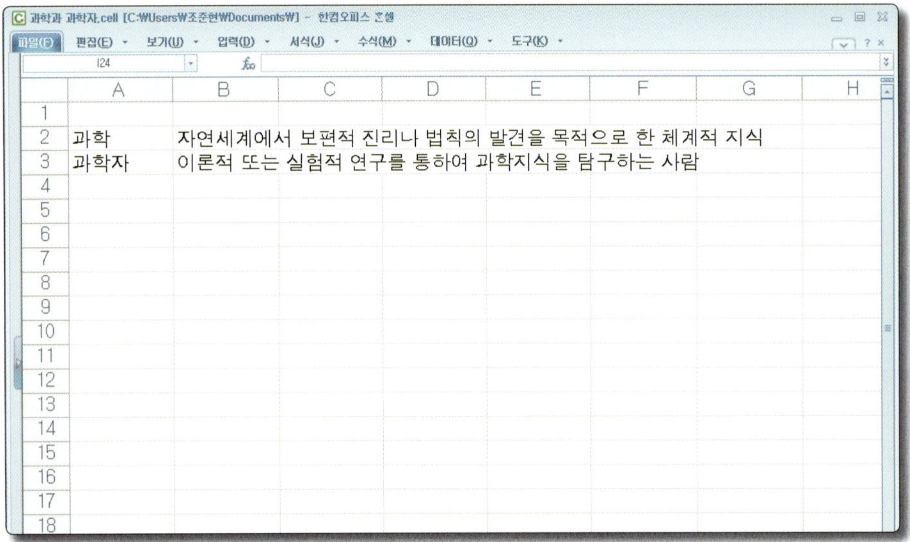

2 다음과 같이 새 문서를 만든 후 문서를 작성한 다음 저장해 보세요.

- 문서 저장 : 저장 위치(라이브러리\문서), 파일 이름(과학자의 태도)

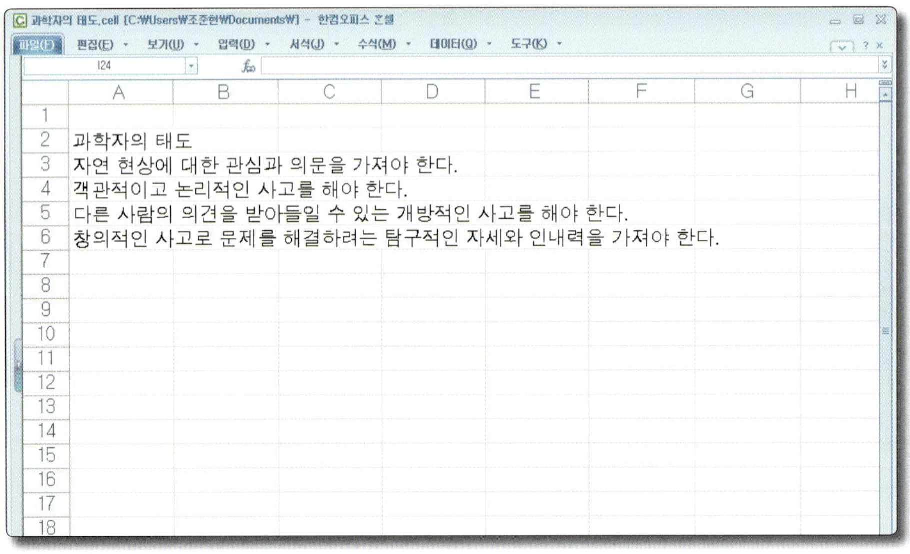

[파일] 탭–[새 문서]를 클릭하거나 **Alt**+**N**을 누르면 기존 문서를 그대로 둔 상태에서 새 문서를 만들 수 있습니다.

3 다음과 같이 새 문서를 만든 후 문서를 작성한 다음 저장해 보세요.

- 문서 저장 : 저장 위치(라이브러리\문서), 파일 이름(직업)

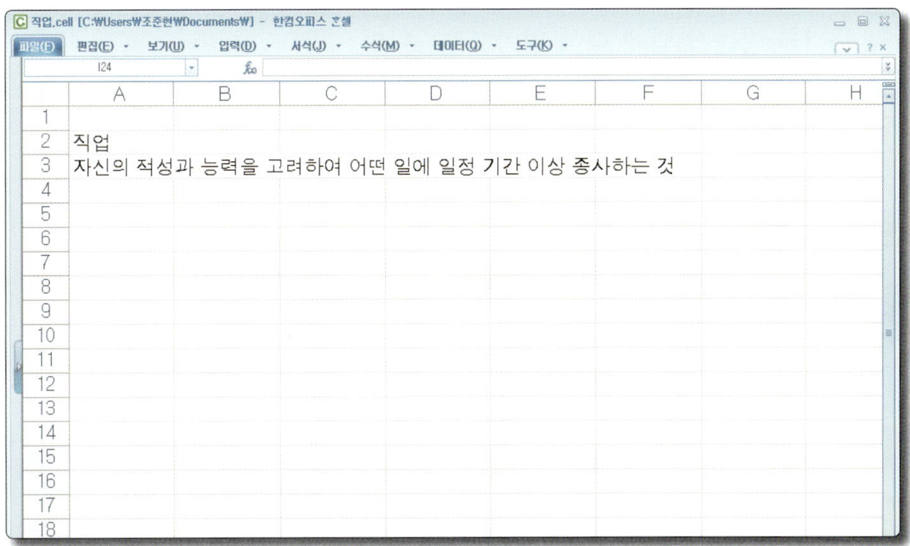

4 다음과 같이 새 문서를 만든 후 문서를 작성한 다음 저장해 보세요.

- 문서 저장 : 저장 위치(라이브러리\문서), 파일 이름(직업의 종류)

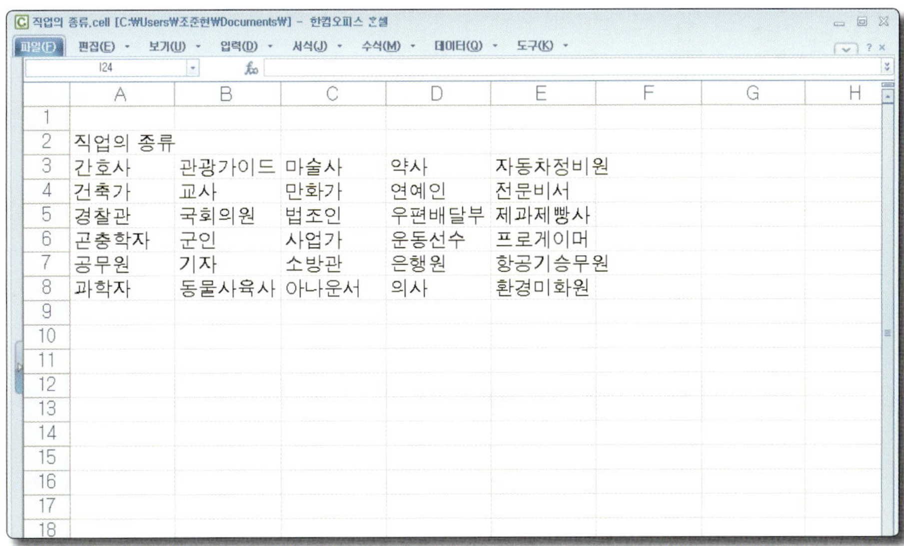

Chapter 02
생활에서의 공기 이용 알아보기

- 문서를 여는 방법에 대해 알아보겠습니다.
- 한자와 기호를 입력하는 방법에 대해 알아보겠습니다.
- 다른 이름으로 문서를 저장하는 방법에 대해 알아보겠습니다.

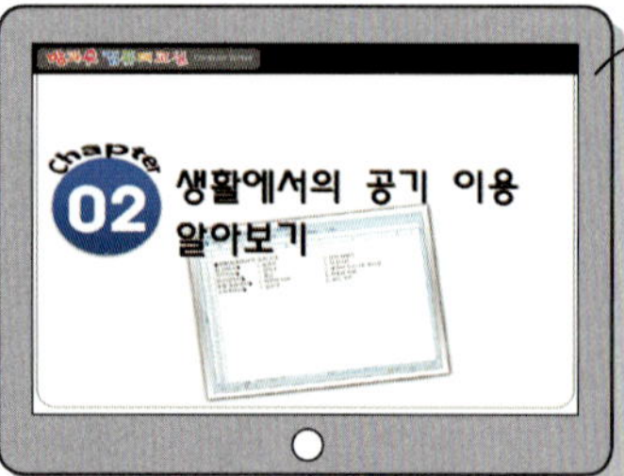

먼저 공부 할 내용
한셀 2010.show(Chapter02)

완성작품 미리보기

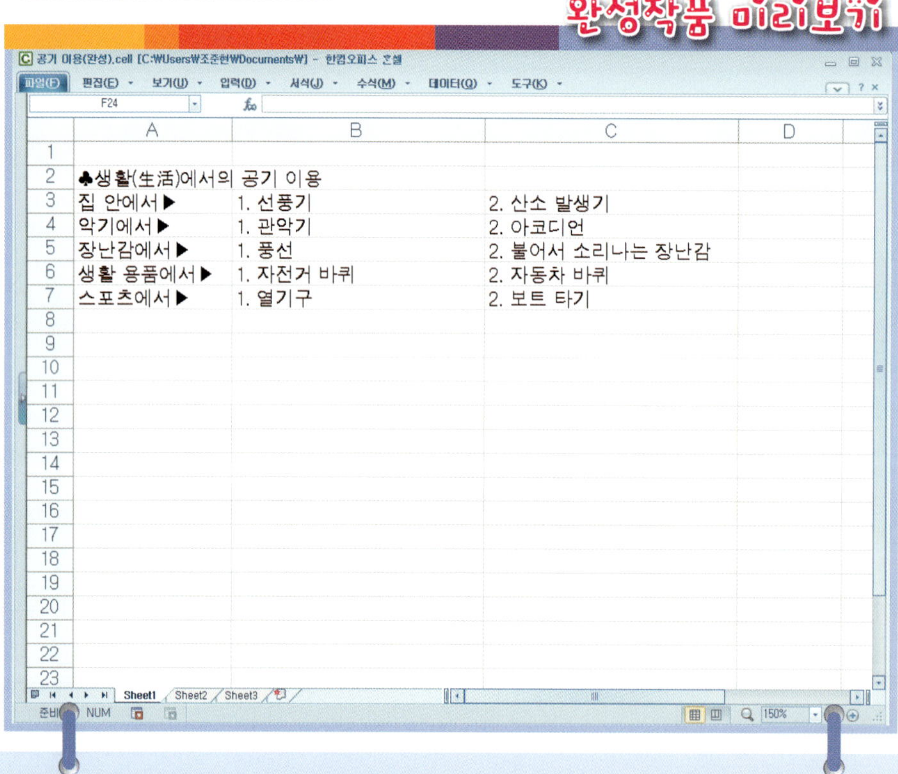

	A	B	C	D
2	♣생활(生活)에서의 공기 이용			
3	집 안에서▶	1. 선풍기	2. 산소 발생기	
4	악기에서▶	1. 관악기	2. 아코디언	
5	장난감에서▶	1. 풍선	2. 불어서 소리나는 장난감	
6	생활 용품에서▶	1. 자전거 바퀴	2. 자동차 바퀴	
7	스포츠에서▶	1. 열기구	2. 보트 타기	

열기구는 공기주머니에 불꽃을 쏘아, 이때 생기는 부력을 이용하여 하늘을 나는 기구입니다. 열기구 외에도 선풍기나 풍선 등 생활에서 공기가 이용되는 예는 많은데요. 그럼 생활에서 공기가 어떻게 이용되는지 한자와 기호를 입력하면서 알아볼까요?

문서 열기

1. 한셀을 실행한 후 [파일] 탭-[불러오기]를 클릭

2. [불러오기] 대화상자가 나타나면 찾는 위치(C:\방과후컴퓨터교실\한셀 2010\Chapter02)를 선택한 후 파일(공기 이용)을 선택한 다음 [열기] 단추를 클릭

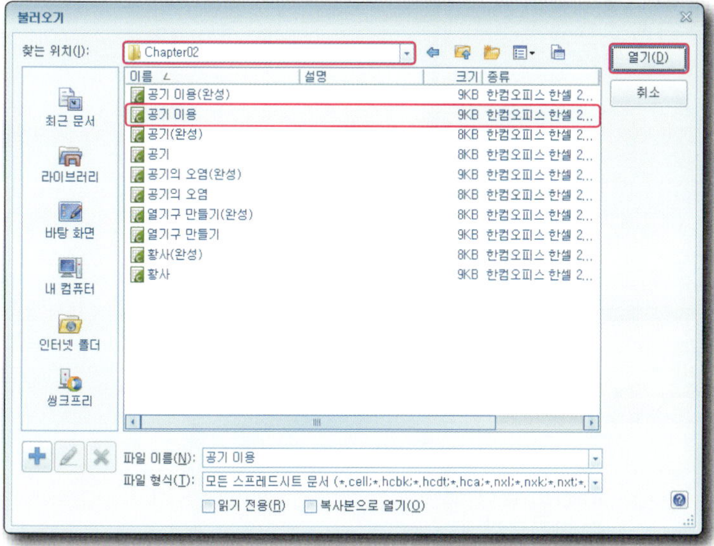

한자 입력하기

3. A2셀을 더블클릭한 후 '생활'을 드래그하여 선택한 다음 [입력] 탭-[입력 도우미] 그룹에서 [한자로]를 클릭

4. [한자로 바꾸기] 대화상자가 나타나면 한자(生活)와 입력 형식(한글(漢字))을 선택한 후 [바꾸기] 단추를 클릭

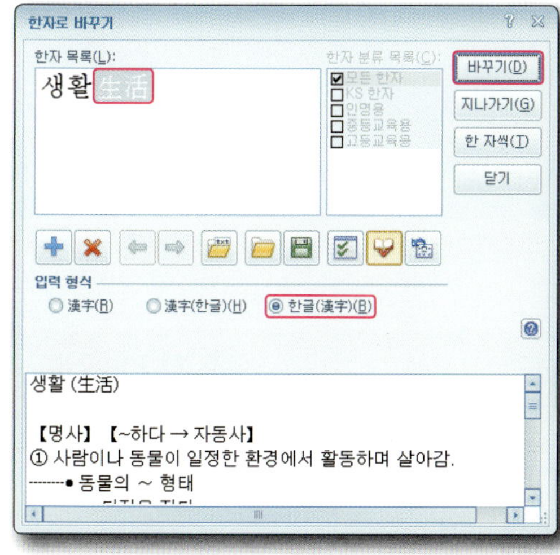

기호 입력하기

5. '생활(生活)에서의' 앞에 커서를 둔 후 [입력] 탭-[입력 도우미] 그룹에서 [문자표]의 ▼[목록] 단추를 클릭한 다음 [문자표]를 클릭

6. [문자표 입력] 대화상자가 나타나면 [훈글(HNC) 문자표] 탭에서 문자 영역(전각 기호(일반))을 선택한 후 문자(♣)를 선택한 다음 [넣기] 단추를 클릭

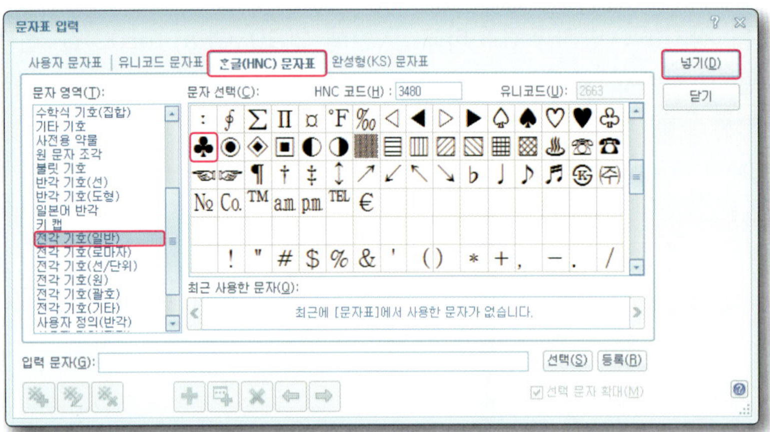

7. 같은 방법으로 기호를 입력

	A	B	C	D
1				
2	♣생활(生活)에서의 공기 이용			
3	집 안에서▶	1. 선풍기	2. 산소 발생기	
4	악기에서▶	1. 관악기	2. 아코디언	
5	장난감에서▶	1. 풍선	2. 불어서 소리나는 장난감	
6	생활 용품에서▶	1. 자전거 바퀴	2. 자동차 바퀴	
7	스포츠에서▶	1. 열기구	2. 보트 타기	
8				
9				
10				
11				
12				
13				
14				

다른 이름으로 문서 저장하기

8. [파일] 탭-[다른 이름으로 저장하기]를 클릭

9. [다른 이름으로 저장하기] 대화상자가 나타나면 저장 위치(라이브러리\문서)를 선택한 후 파일 이름(공기 이용(완성))을 입력한 다음 [저장] 단추를 클릭

10. 문서가 다른 이름으로 저장된 것을 확인

날짜와 시간 입력하기

한셀에서 날짜는 연도, 월, 일을 '2016-11-5'와 같이 하이픈(-)이나 '2016/11/5'와 같이 슬래시(/)로 구분하여 입력하고, 시간은 시, 분, 초를 '10:41:32'와 같이 콜론(:)으로 구분하여 입력합니다.

1 다음과 같이 '공기' 문서를 연 후 한자와 기호를 입력한 다음 다른 이름으로 문서를 저장해 보세요.

- 한자 : 대기 → 대기(大氣)
- 기호 : ◉, ▶
- 다른 이름으로 문서 저장 : 저장 위치(라이브러리\문서), 파일 이름(공기(완성))

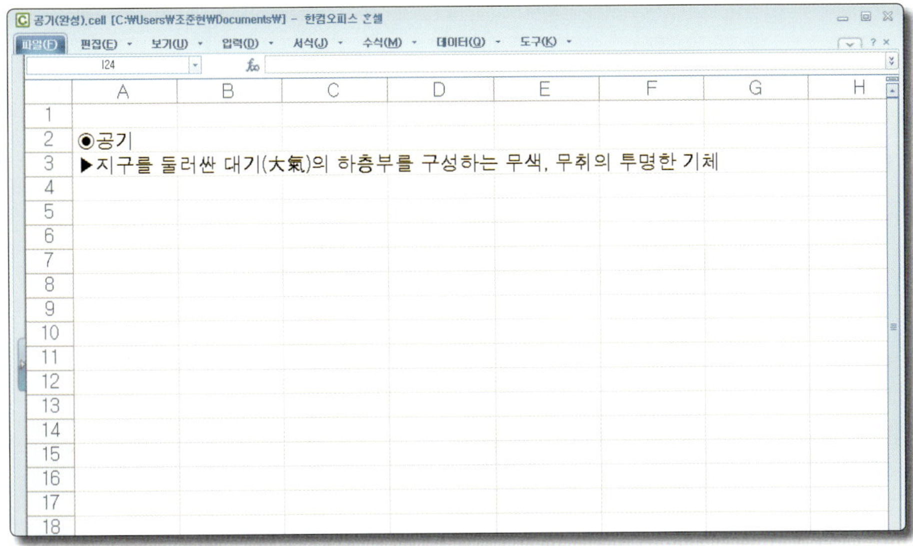

2 다음과 같이 '공기의 오염' 문서를 연 후 한자와 기호를 입력한 다음 다른 이름으로 문서를 저장해 보세요.

- 한자 : 오염 → 汚染(오염)
- 기호 : ■, ▷
- 다른 이름으로 문서 저장 : 저장 위치(라이브러리\문서), 파일 이름(공기의 오염(완성))

3 다음과 같이 '황사' 문서를 연 후 한자와 기호를 입력한 다음 다른 이름으로 문서를 저장해 보세요.

- 한자 : 황사 → 黃砂
- 기호 : ◆, ☞
- 다른 이름으로 문서 저장 : 저장 위치(라이브러리\문서), 파일 이름(황사(완성))

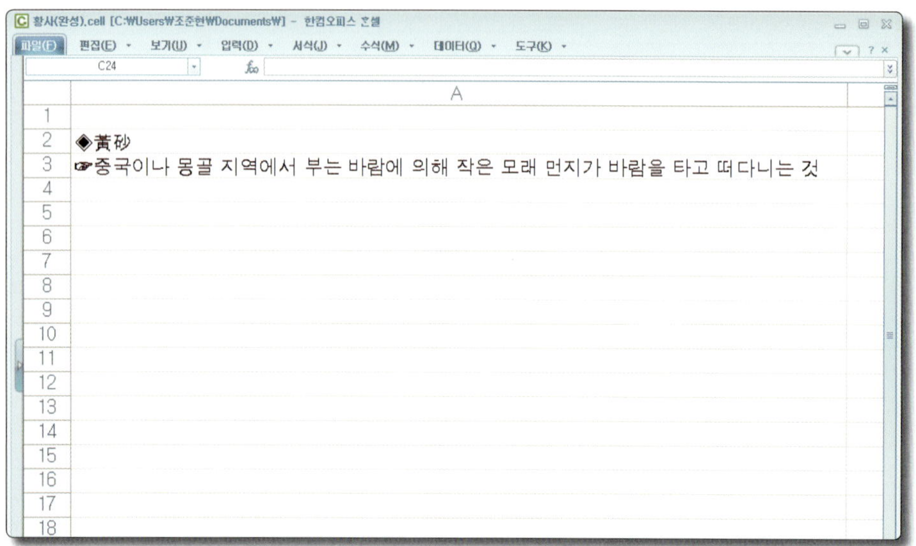

4 다음과 같이 '열기구 만들기' 문서를 연 후 한자와 기호를 입력한 다음 다른 이름으로 문서를 저장해 보세요.

- 한자 : 입구 → 입구(入口)
- 기호 : ◑, ◐, ■
- 다른 이름으로 문서 저장 : 저장 위치(라이브러리\문서), 파일 이름(열기구 만들기(완성))

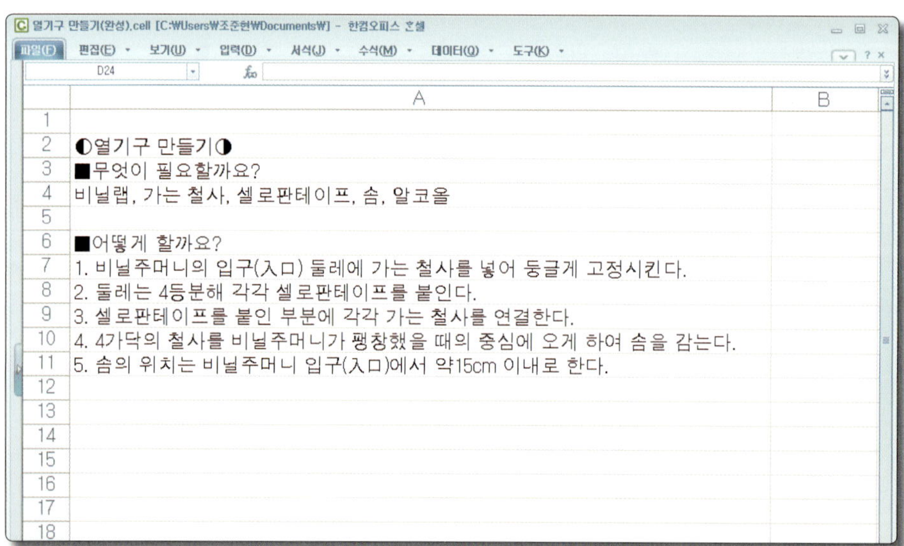

Chapter 03 철도의 최초와 최고 알아보기

학습목표

- 글자 서식을 지정하는 방법에 대해 알아보겠습니다.
- 테두리 서식을 지정하는 방법에 대해 알아보겠습니다.
- 표시 형식을 지정하는 방법에 대해 알아보겠습니다.

완성작품 미리보기

	A	B	C
1			
2	우리나라 철도의 최초		
3	최초 새마을호 열차 운행	경부선에 새마을호 열차 운행을 시작	1969년 2월 10일
4	최초 승차권 전산 발매	새마을호 승차권을 전산 발매 함	1981년 10월 1일
5	최초 어린이 전용칸 생김	경부선 열차에 어린이 전용칸 생김	1998년 9월 11일
6			
7	우리나라 철도의 최고		
8	최고 높은 곳에 있는 역	태백선 추전역	해발 855m
9	최고 북쪽에 있는 역	경원선 백마고지역	휴전선에서 9.5km
10	최고 남쪽에 있는 역	전라선 여수역	서울역에서 449km

철도는 증기 기관차부터 고속 철도까지 많은 발전을 하였습니다. 우리나라는 1998년 9월 11일, 최초로 경부선 열차에 어린이 전용칸이 생겼는데요. 그럼 우리나라 철도의 최초와 최고는 무엇인지 글자 서식, 테두리 서식, 표시 형식을 지정하면서 알아볼까요?

글자 서식 지정하기

1. '철도의 최초와 최고' 문서를 연 후 A2셀과 A7셀을 함께 선택한 다음 [서식] 탭-[글자] 그룹에서 글꼴(HY나무M), 글자 크기(14), 글자 색(바다색)을 선택

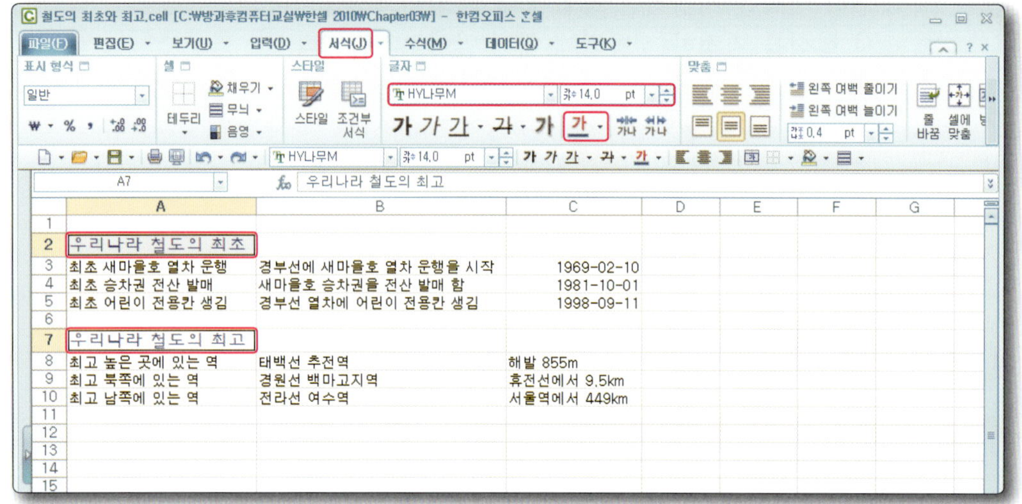

Tip
- A2셀을 선택한 후 Ctrl을 누른 상태에서 A7셀을 선택하면 A2셀과 A7셀을 함께 선택할 수 있습니다.
- [글자 색]의 ▼[목록] 단추를 클릭한 후 ▶[색상 테마]로 마우스 포인터를 가져가면 기본, 오피스, 잔상 등의 색상 테마를 선택할 수 있습니다. 바다색은 기본 색상 테마에 있습니다.

2. A3:A5셀 범위와 A8:A10셀 범위를 함께 선택한 후 [서식] 탭-[글자] 그룹에서 **가**[진하게]를 클릭

테두리 서식 지정하기

3. A3:C5셀 범위와 A8:C10셀 범위를 함께 선택한 후 [서식] 탭-[셀] 그룹에서 그룹 이름(셀)을 클릭

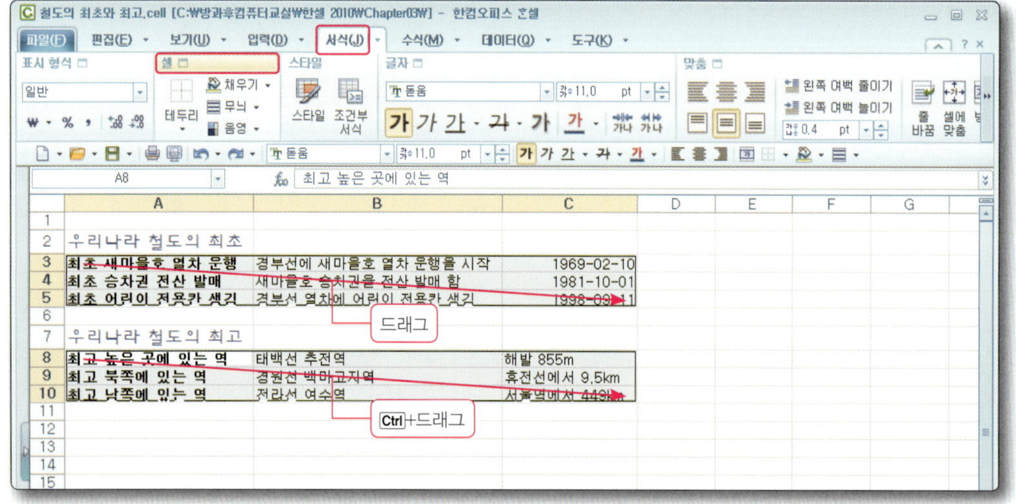

4. [셀 서식] 대화상자의 [테두리] 탭이 나타나면 테두리 종류(━━)를 선택한 후 ⊞[위]와 ⊞[아래]를 클릭. 그런 다음 다시 테두리 종류(------)를 선택한 후 [안쪽]을 클릭한 다음 [설정] 단추를 클릭

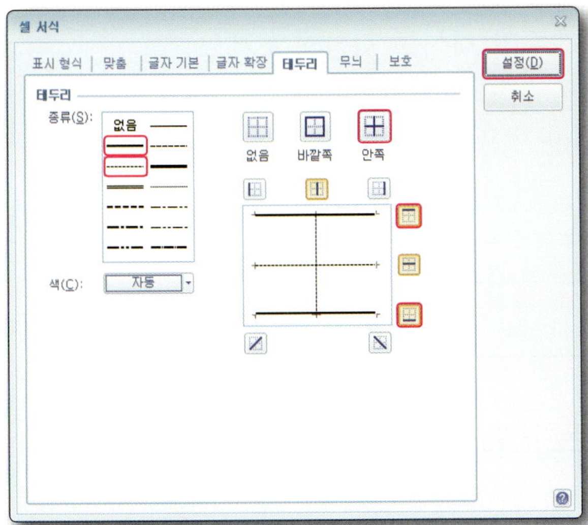

표시 형식 지정하기

5. C3:C5셀 범위를 선택한 후 [서식] 탭–[표시 형식] 그룹에서 그룹 이름(표시 형식)을 클릭

6. [셀 서식] 대화상자의 [표시 형식] 탭이 나타나면 구분(날짜)을 선택한 후 유형(2004년 10월 9일)을 선택한 다음 [설정] 단추를 클릭

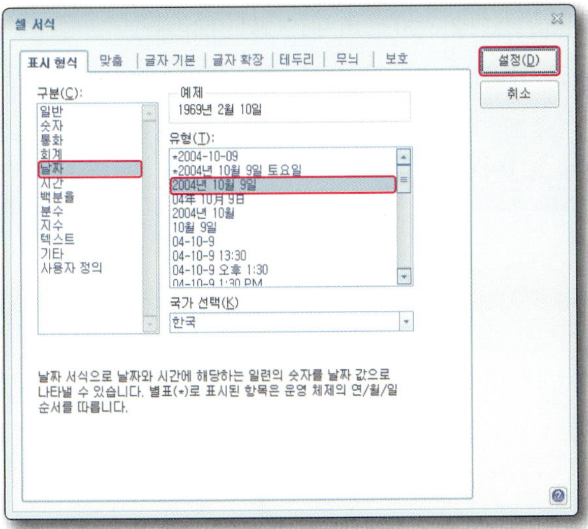

7. 표시 형식이 지정된 것을 확인

셀에 대각선 넣기

셀을 선택한 후 [셀 서식] 대화상자의 [테두리] 탭에서 ◪[왼쪽 아래 대각선]이나 ◩[오른쪽 아래 대각선]을 클릭하면 셀에 대각선을 넣을 수 있습니다.

1 다음과 같이 '기차' 문서를 연 후 글자 서식과 테두리 서식을 지정해 보세요.

- A2셀 : 글자 서식(글꼴(HY나무B), 글자 크기(24), 글자 색(검은 바다색))
- A3셀 : 글자 서식(글꼴(HY나무M), 글자 크기(16))
- A2:A3셀 범위 : 테두리 서식(테두리 종류(━), ▦[위], ▦[아래])

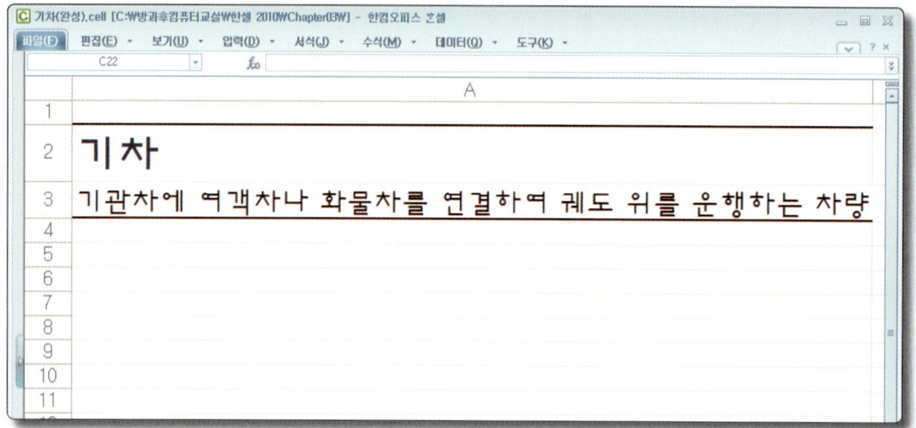

2 다음과 같이 '어린이 요금' 문서를 연 후 글자 서식, 테두리 서식, 표시 형식을 지정해 보세요.

- A2셀 : 글자 서식(글꼴(HY수평선M), 글자 크기(14), 글자 색(루비색), **가**[진하게])
- A3:C8셀 범위 : 글자 서식(글꼴(HY강M), 글자 크기(14)), 테두리 서식(테두리 종류(━), ▦[위], ▦[아래] → 테두리 종류(┄┄┄┄), [안쪽])
- A3:C3셀 범위 : 테두리 서식(테두리 종류(═), ▦[아래])
- B4:C8셀 범위 : 표시 형식(**,** [쉼표 스타일])

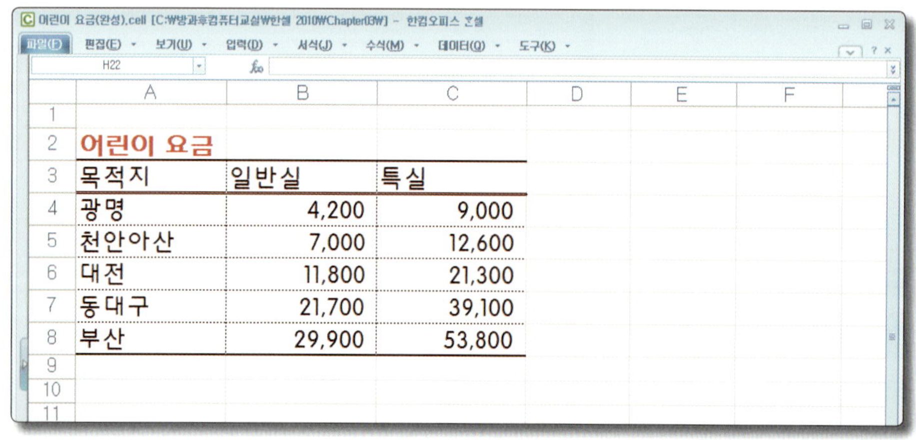

힌트

> B4:C8셀 범위를 선택한 후 [서식] 탭–[표시 형식] 그룹에서 **,** [쉼표 스타일]을 클릭하면 표시 형식을 지정할 수 있습니다.

❸ 다음과 같이 '기념스탬프' 문서를 연 후 글자 서식, 테두리 서식, 표시 형식을 지정해 보세요.

- A2셀 : 글자 서식(글꼴(휴먼엑스포), 글자 크기(16))
- A3:B7셀 범위 : 글자 서식(글꼴(맑은 고딕), 글자 크기(12)), 테두리 서식(테두리 종류(──), ▦[위], ▦[아래] → 테두리 종류(------), [안쪽])
- A3:B3셀 범위 : 글자 서식(**가**[진하게]), 테두리 서식(테두리 종류(──), ▦[아래])
- B4:B7셀 범위 : 표시 형식(구분(날짜), 유형(10월 9일))

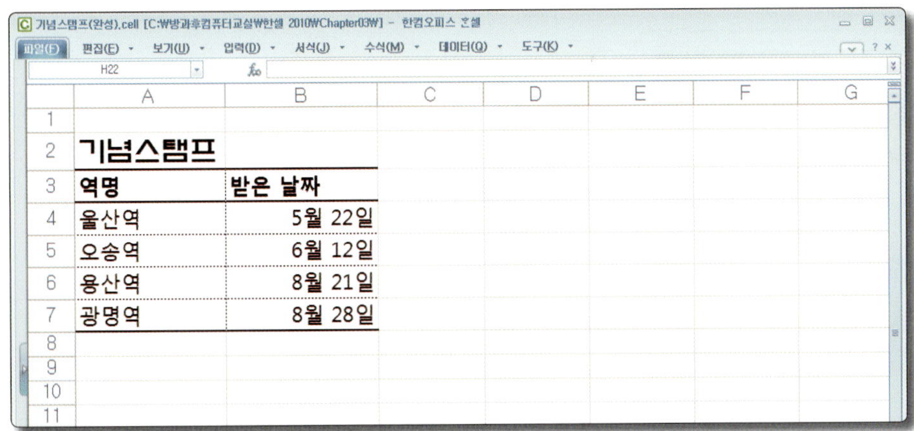

	A	B
2	**기념스탬프**	
3	**역명**	**받은 날짜**
4	울산역	5월 22일
5	오송역	6월 12일
6	용산역	8월 21일
7	광명역	8월 28일

❹ 다음과 같이 '세계의 고속열차' 문서를 연 후 글자 서식과 테두리 서식을 지정해 보세요.

- A2셀 : 글자 서식(글꼴(HY동녘M), 글자 크기(14), 글자 색(멜론색), **가**[기울임])
- A3:B8셀 범위 : 글자 서식(글꼴(맑은 고딕), 글자 크기(12)), 테두리 서식(테두리 종류(──), ▦[위], ▦[아래] → 테두리 종류(------), [안쪽])
- A3:B3셀 범위 : 테두리 서식(테두리 종류(══), ▦[아래])

	A	B
2	*세계의 고속열차*	
3	나라	열차명
4	미국	Metroliner
5	일본	노조미
6	영국	IC 225
7	독일	ICE
8	프랑스	TGV

Chapter 04

꽃 사전 만들기

- 맞춤 서식을 지정하는 방법에 대해 알아보겠습니다.
- 채우기 서식을 지정하는 방법에 대해 알아보겠습니다.

먼저 공부 할 내용
한셀 2010.show(Chapter04)

완성작품 미리보기

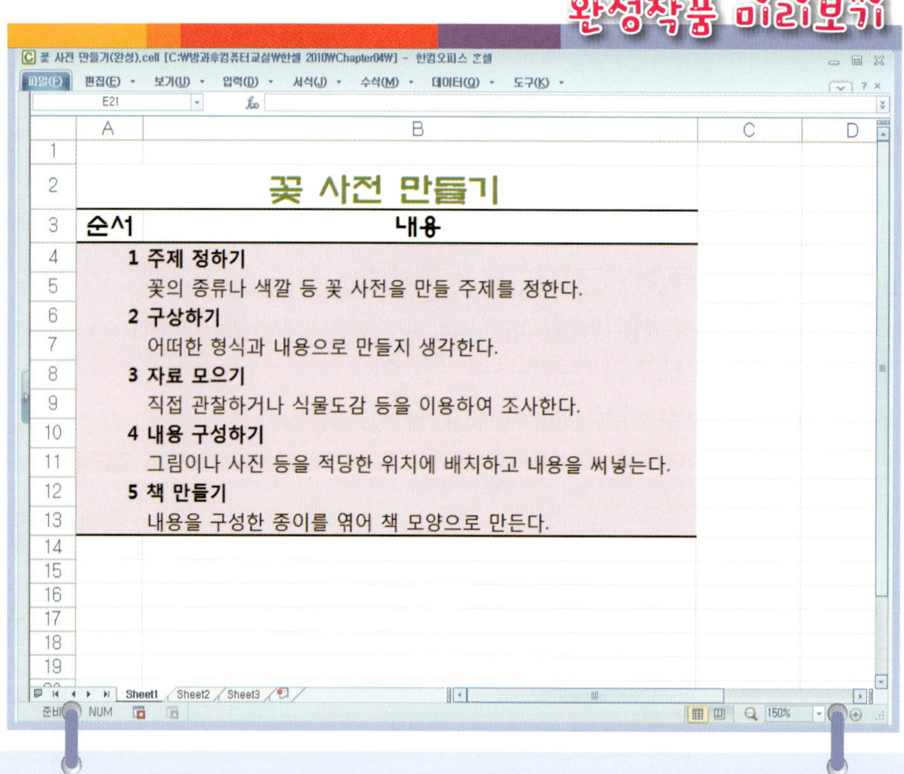

꽃에 대한 정보를 담아서 사전 형식으로 만든 책을 '꽃 사전'이라고 합니다. 꽃 사전을 만들려면 먼저 어떤 꽃 사전을 만들지 주제를 정하는 것이 좋은데요. 그럼 꽃 사전은 어떻게 만드는지 맞춤 서식과 채우기 서식을 지정하면서 알아볼까요?

맞춤 서식 지정하기

1. '꽃 사전 만들기' 문서를 연 후 A2:B2셀 범위를 선택한 다음 [서식] 탭-[맞춤] 그룹에서 [병합]의 ▼[목록] 단추를 클릭하고 [병합하고 가운데 맞춤]을 클릭

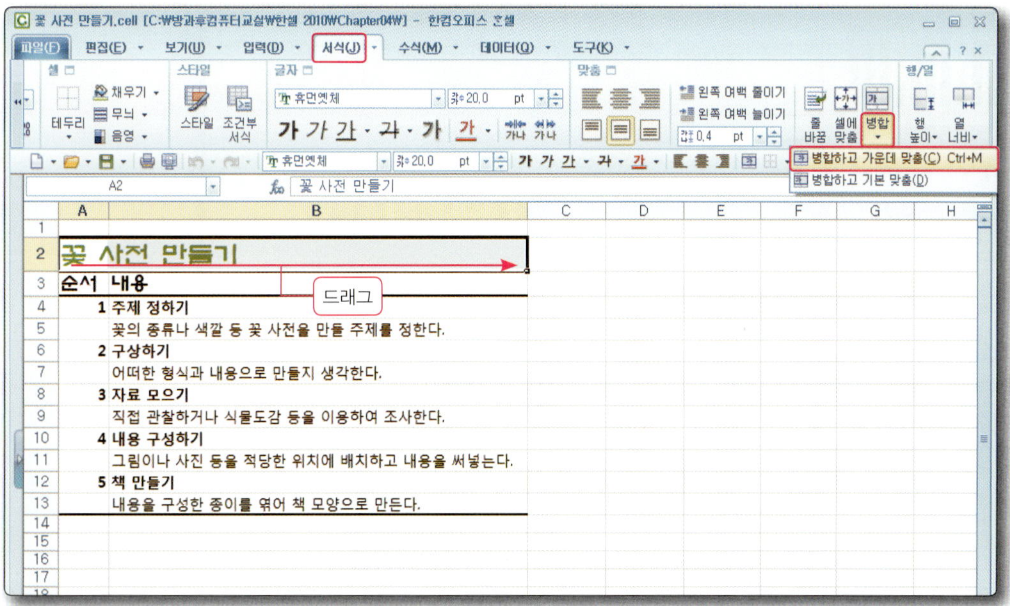

2. A3:B3셀 범위를 선택한 후 [서식] 탭-[맞춤] 그룹에서 [가운데]를 클릭

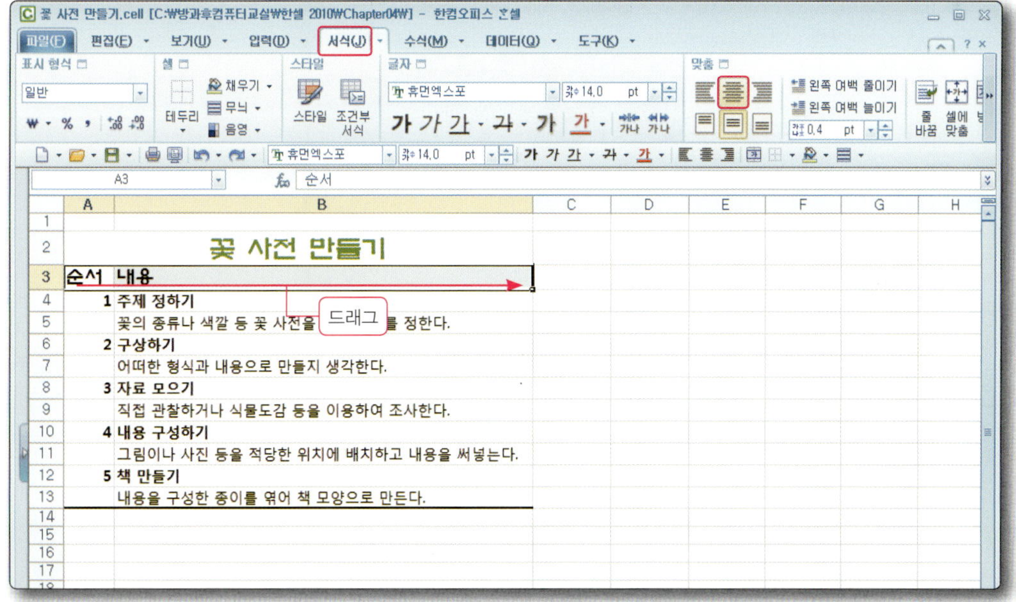

채우기 서식 지정하기

3. A4:B13셀 범위를 선택한 후 [서식] 탭-[셀] 그룹에서 [채우기]의 ▾[목록] 단추를 클릭한 다음 [진달래색 80% 밝게]를 클릭

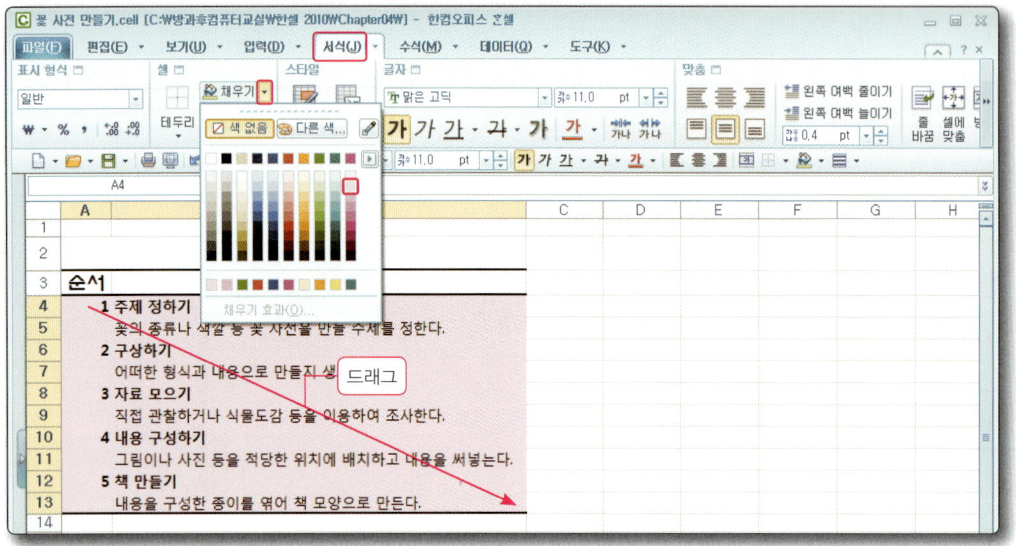

4. 채우기 서식이 지정된 것을 확인

한 가지 더

셀에 무늬 넣기

셀을 선택한 후 [서식] 탭-[셀] 그룹에서 [무늬]를 클릭한 다음 원하는 무늬를 선택하면 셀에 무늬를 넣을 수 있습니다.

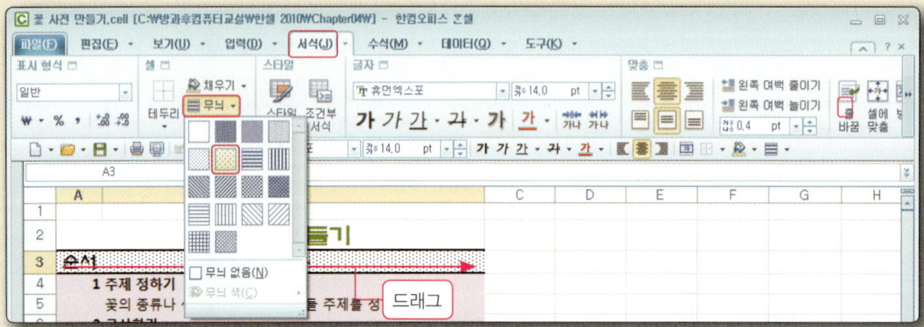

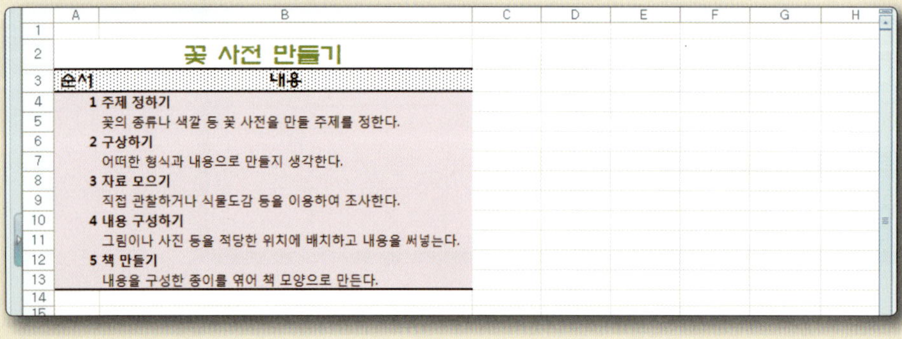

1 다음과 같이 '꽃' 문서를 연 후 맞춤 서식과 채우기 서식을 지정해 보세요.

- A2:A3셀 범위 : 맞춤 서식(▤[오른쪽])
- A2셀 : 채우기 서식(채우기 색(연한 올리브색))

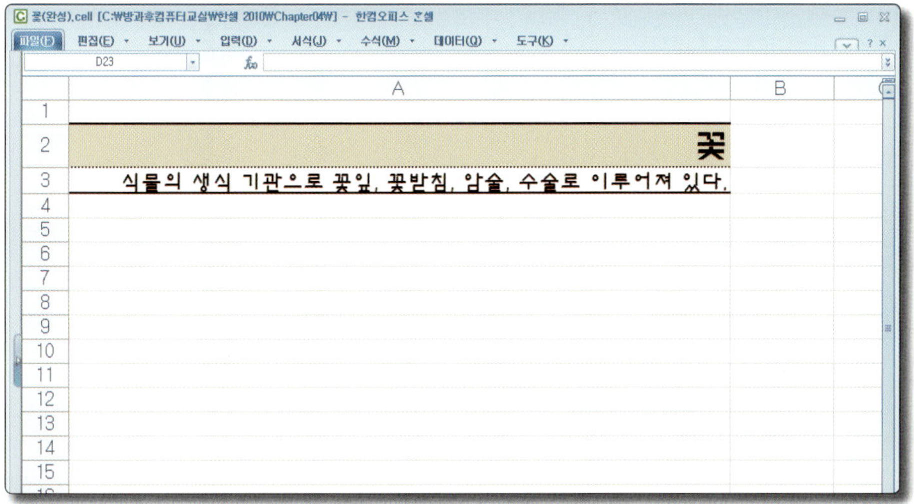

2 다음과 같이 '씨' 문서를 연 후 맞춤 서식과 채우기 서식을 지정해 보세요.

- A2:A3셀 범위 : 맞춤 서식(▤[오른쪽])
- A3셀 : 채우기 서식(채우기 색(멜론색 60% 밝게))

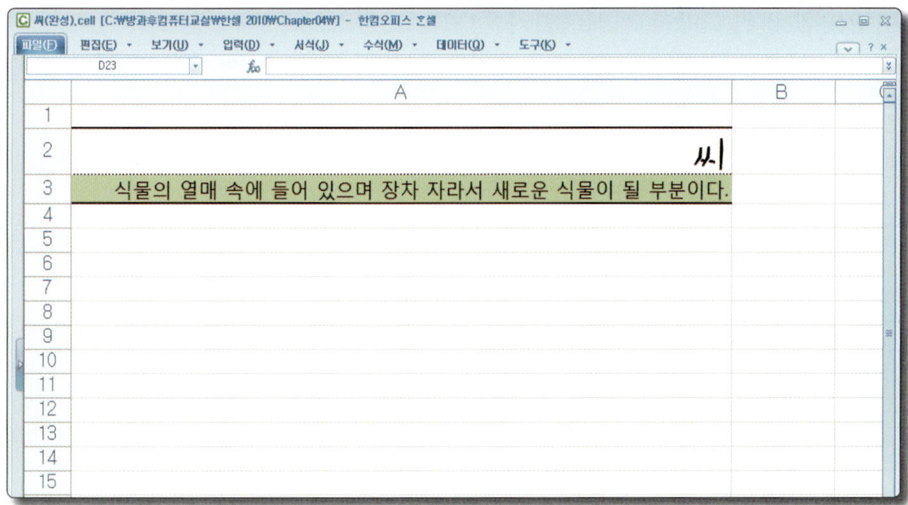

3 다음과 같이 '씨가 퍼지는 방법' 문서를 연 후 맞춤 서식과 채우기 서식을 지정해 보세요.

- A2셀 : 맞춤 서식(≡[가운데])
- A3셀/A5셀/A7셀 : 채우기 서식(채우기 색(진달래색 80% 밝게))

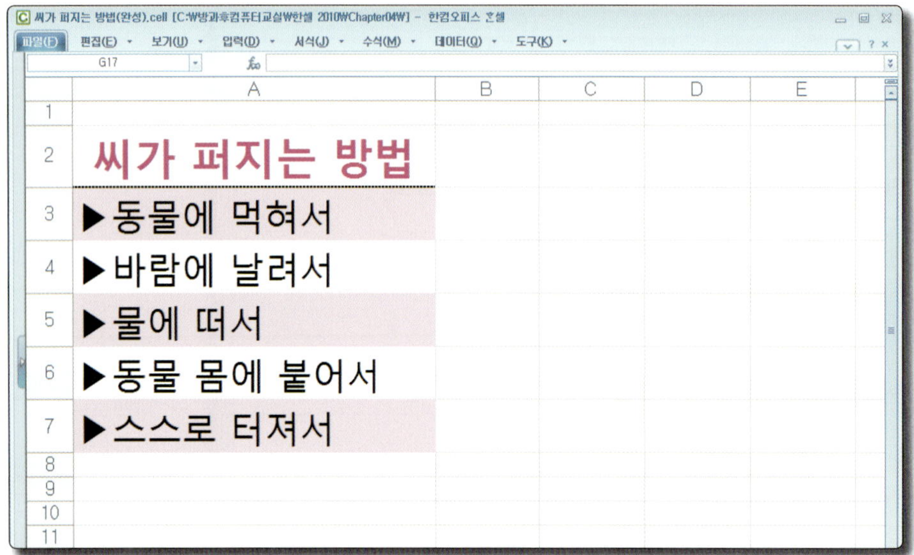

4 다음과 같이 '탄생화' 문서를 연 후 맞춤 서식과 채우기 서식을 지정해 보세요.

- A2:C2셀 범위 : 맞춤 서식(병합하고 가운데 맞춤)
- A4:C4셀 범위/B5:B16셀 범위 : 맞춤 서식(≡[가운데])
- A4:C4셀 범위/A9:C9셀 범위/A15:C15셀 범위 : 채우기 서식(채우기 색(바다색 80% 밝게))

월	탄생화	꽃말
1	앵초	강인함이 감춰진 당신의 정렬은 곧 나의 운명.
2	제비꽃	성실한 당신에게 내 진심을 드립니다.
3	물망초	영원히 사랑한다는 것을 잊지 말아요.
4	장미	진심으로 사랑하는 당신을 따르렵니다.
5	네잎클로버	사랑과 희망과 행복을 당신에게 드립니다.
6	스위트피	기쁨이 넘치는 아름다운 추억을 당신과 함께.
7	샐비어	불타는 사랑으로 당신을 포옹합니다.
8	나리	마음씨 고운 당신께 바칩니다.
9	수레국화	나는 정말 행복합니다.
10	코스모스	순결한 마음이 자아내는 하모니를 당신께.
11	마거리트	두 사람의 마음을 강렬하게 끌어당기는 사랑의 기쁨.
12	히아신스	당신 가슴속 깊이 숨어있는 우아한 사랑을 그리워합니다.

Chapter 05 달력 만들기

👉 채우기 명령을 사용하는 방법에 대해 알아보겠습니다.
👉 자동 채우기 핸들을 사용하는 방법에 대해 알아보겠습니다.

먼저 공부 할 내용
한셀 2010.show(Chapter05)

완성작품 미리보기

	A	B	C	D	E	F	G	H	I
1									
2					**2017**				
3									
4			**10**					**October**	
5									
6		**일**	**월**	**화**	**수**	**목**	**금**	**토**	
7		1	2	3	4	5	6	7	
8		8	9	10	11	12	13	14	
9		15	16	17	18	19	20	21	
10		22	23	24	25	26	27	28	
11		29	30	31					
12									

달력은 1년의 날짜를 순서에 맞게 월, 일, 요일로 표시한 것입니다. 1년은 12개월이고, 1주일은 7일인데요. 그럼 채우기 명령과 자동 채우기 핸들을 사용하여 달력을 만들어 볼까요?

채우기 명령 사용하기

1. '달력' 문서를 연 후 B7:B11셀 범위를 선택한 다음 [편집] 탭-[셀 편집] 그룹에서 [채우기]를 클릭하고 [연속 데이터]를 클릭

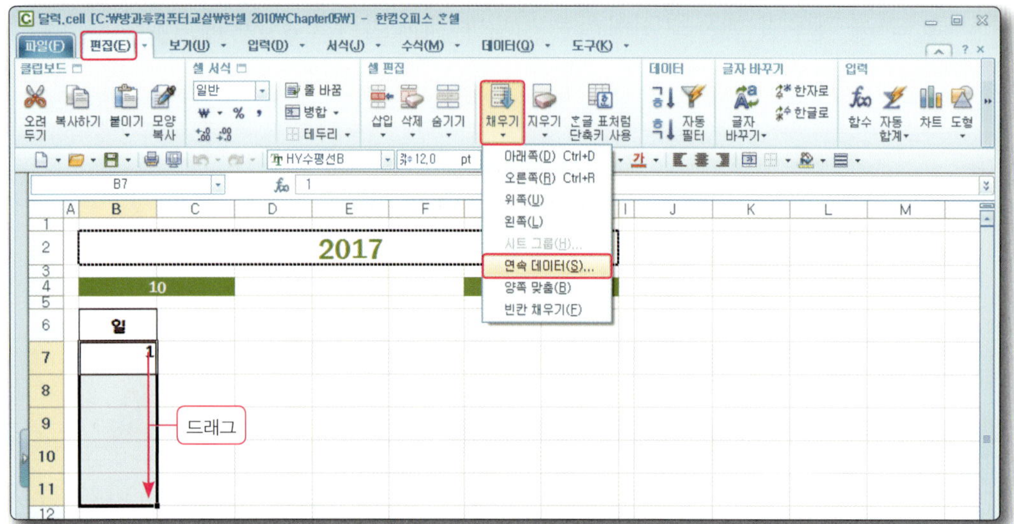

2. [연속 데이터] 대화상자가 나타나면 방향(아래로)과 유형(선형)을 선택한 후 단계 값(7)을 입력한 다음 [확인] 단추를 클릭

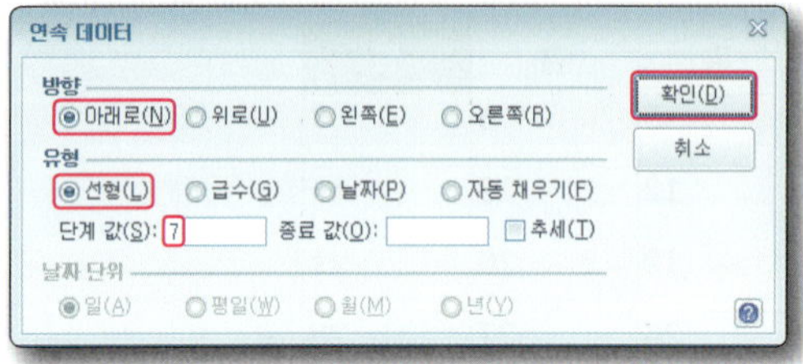

자동 채우기 핸들 사용하기

3. 일요일에 해당하는 날짜(7씩 증가한 숫자)가 입력된 것을 확인한 후 B6셀을 선택한 다음 자동 채우기 핸들을 H6셀까지 드래그

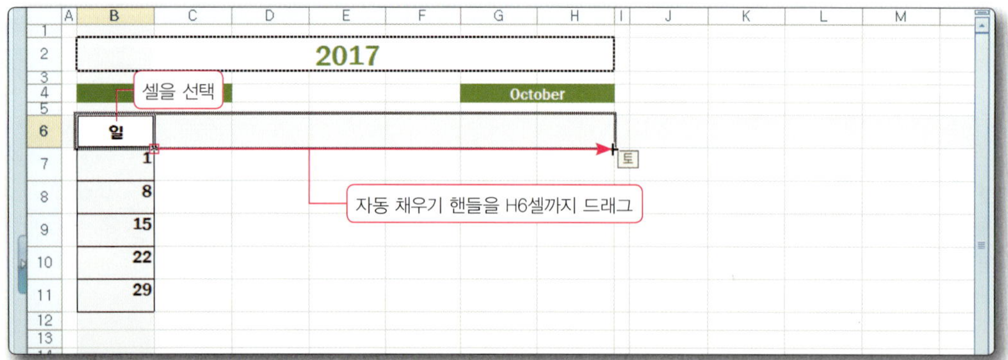

4. 요일('월', '화', …)이 입력된 것을 확인한 후 B7셀을 선택한 다음 마우스 오른쪽 단추를 누른 상태에서 자동 채우기 핸들을 H7셀까지 드래그. 그런 다음 자동 채우기 목록이 나타나면 [연속 데이터 채우기]를 클릭

5. 첫째 주에 해당하는 날짜(1씩 증가한 숫자)가 입력된 것을 확인한 후 B8셀을 선택한 다음 Ctrl을 누른 상태에서 자동 채우기 핸들을 H8셀까지 드래그

6. 둘째 주에 해당하는 날짜(1씩 증가한 숫자)가 입력된 것을 확인한 후 같은 방법으로 다른 날짜를 입력한 다음 글자 서식과 채우기 서식을 지정

   • B6셀 : 글자 서식(글자 색(하양)), 채우기 서식(채우기 색(루비색))
   • B7:B11셀 범위 : 글자 서식(글자 색(루비색))
   • H6셀 : 글자 서식(글자 색(하양)), 채우기 서식(채우기 색(바다색))
   • H7:H11셀 범위 : 글자 서식(글자 색(바다색))

1 다음과 같이 '추천 영어' 문서를 연 후 자동 채우기 핸들을 사용하여 한글과 영어를 입력해 보세요.

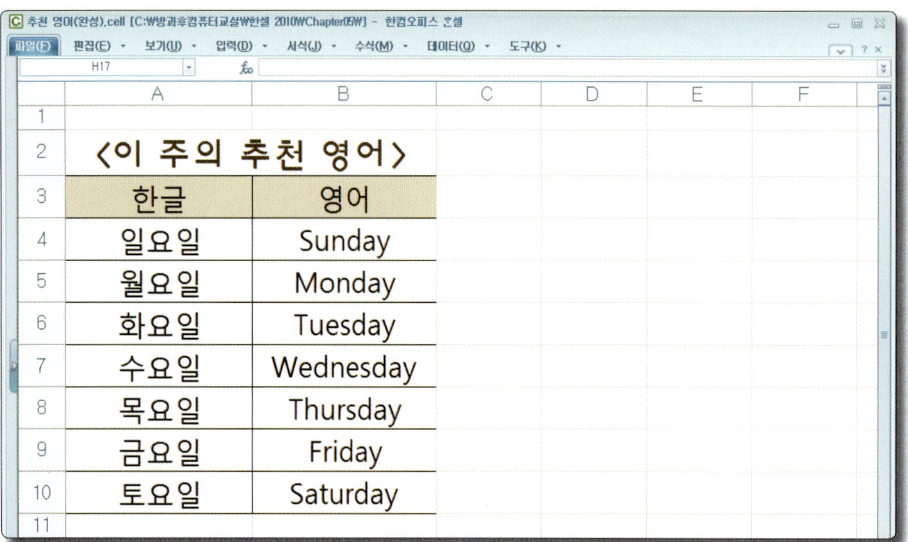

2 다음과 같이 '추천 한자' 문서를 연 후 자동 채우기 핸들을 사용하여 한글과 한자를 입력해 보세요.

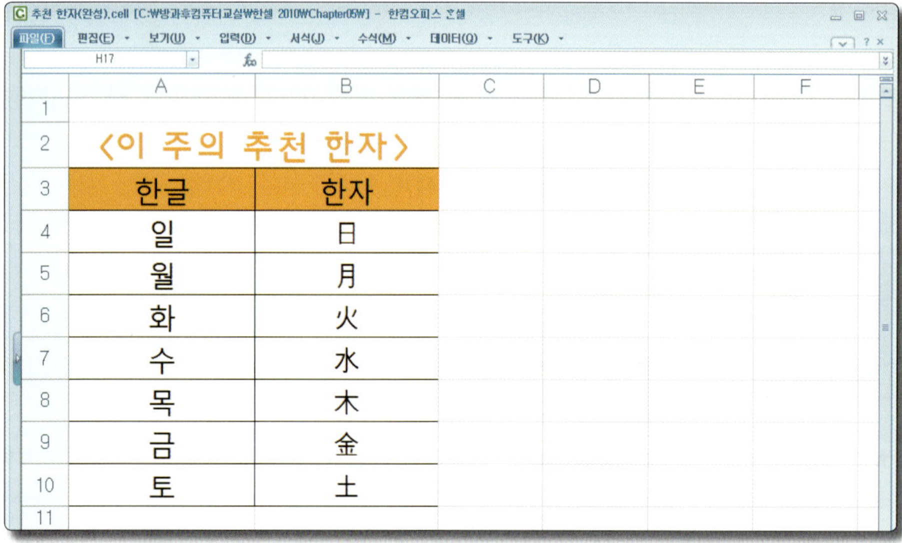

3 다음과 같이 '물체의 무게' 문서를 연 후 채우기 명령을 사용하여 손으로 어림한 무게와 용수철 저울로 잰 무게를 입력해 보세요.

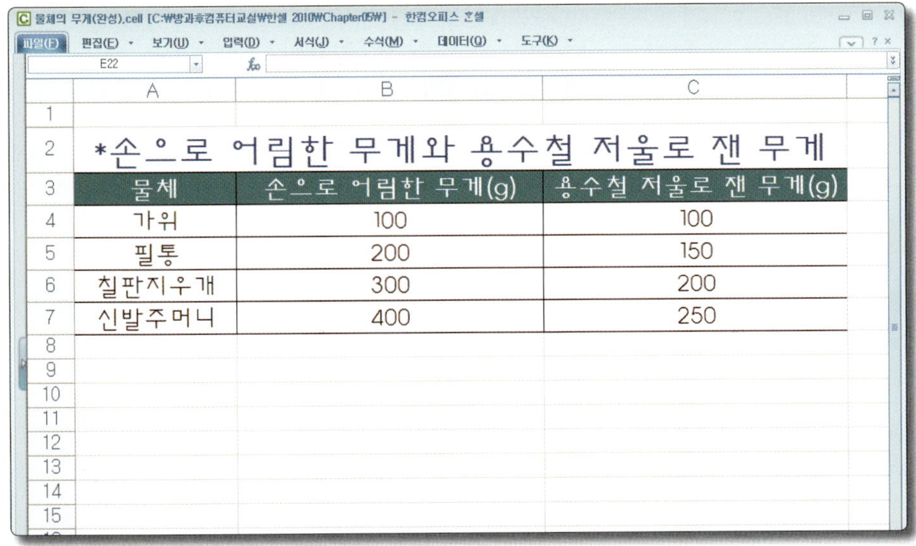

힌트

> B4:B7셀 범위를 선택한 후 [연속 데이터] 대화상자에서 방향(아래로)과 유형(선형)을 선택한 다음 단계 값(100)을 입력하고 [확인] 단추를 클릭하면 손으로 어림한 무게를 입력할 수 있습니다.

4 다음과 같이 '추의 무게' 문서를 연 후 채우기 명령을 사용하여 추의 무게와 용수철의 늘어난 길이를 입력해 보세요.

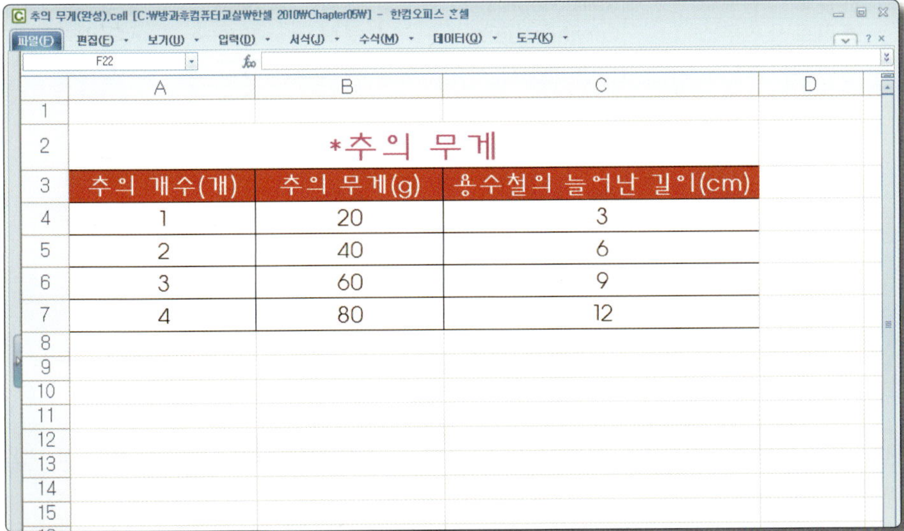

Chapter 06 백악기에 살던 공룡 알아보기

- 행 높이와 열 너비를 지정하는 방법에 대해 알아보겠습니다.
- 시트 이름을 바꾸는 방법에 대해 알아보겠습니다.
- 시트를 복사하고 삭제하는 방법에 대해 알아보겠습니다.

완성작품 미리보기

	한글학명	영어학명	식성	발견연도
	백악기에 살던 공룡			
	갈리미무스	Gallimimus	잡식	1970
	벨로키랍토르	Velociraptor	육식	1922
	스피노사우루스	Spinosaurus	육식	1912
	안킬로사우루스	Ankylosaurus	초식	1906
	코리토사우루스	Corythosaurus	초식	1912
	트리케라톱스	Triceratops	초식	1887
	티라노사우루스	Tyrannosaurus	육식	1902
	파라사우롤로푸스	Parasaurolophus	초식	1922
	파키케팔로사우루스	Pachycephalosaurus	잡식	1940
	프테라노돈	Pteranodon	육식	1876

공룡은 중생대인 트라이아스기, 쥐라기, 백악기에 살던 거대한 파충류입니다. 백악기에는 티라노사우루스, 트리케라톱스, 벨로키랍토르 등이 살았는데요. 그럼 백악기에 살던 공룡은 무엇인지 행 높이와 열 너비를 지정한 후 시트 이름을 바꾼 다음 시트를 복사하고 삭제하면서 알아볼까요?

행 높이 지정하기

1. '백악기 공룡' 문서를 연 후 1행 머리글과 3행 머리글을 함께 선택한 다음 [서식] 탭-[행/열] 그룹에서 [행 높이]를 클릭하고 [행 높이 지정]을 클릭

2. [행 높이] 대화상자가 나타나면 행 높이(10)를 입력한 후 [설정] 단추를 클릭

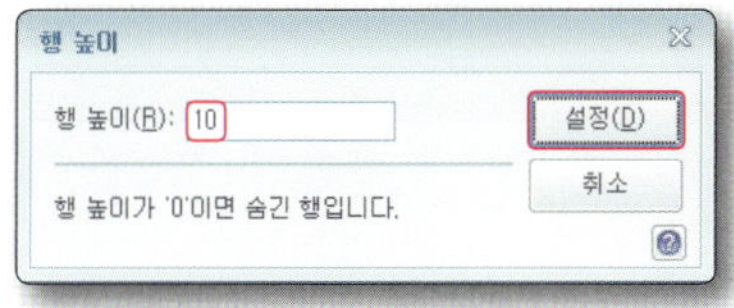

열 너비 지정하기

3. A열 머리글을 선택한 후 [서식] 탭-[행/열] 그룹에서 [열 너비]를 클릭하고 [열 너비 지정]을 클릭

4. [열 너비] 대화상자가 나타나면 열 너비(1)를 입력한 후 [설정] 단추를 클릭

시트 이름 바꾸기

5. 시트 탭에서 [Sheet1] 시트를 선택한 후 [서식] 탭의 ▾[목록] 단추를 클릭한 다음 [시트]-[이름 바꾸기]를 클릭

6. [시트 이름 바꾸기] 대화상자가 나타나면 이름(백악기 공룡)을 입력한 후 [설정] 단추를 클릭

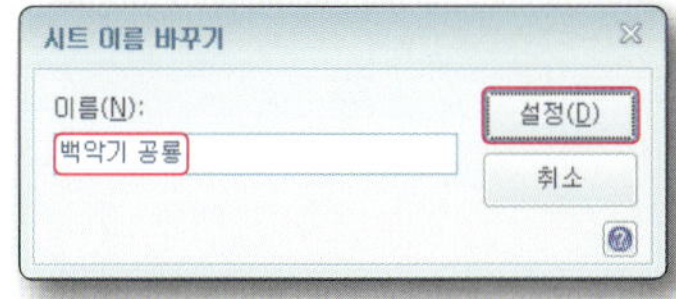

시트 복사하기

7. 시트 탭에서 [백악기 공룡] 시트를 선택한 후 [편집] 탭의 ▾[목록] 단추를 클릭한 다음 [시트 이동/복사]를 클릭

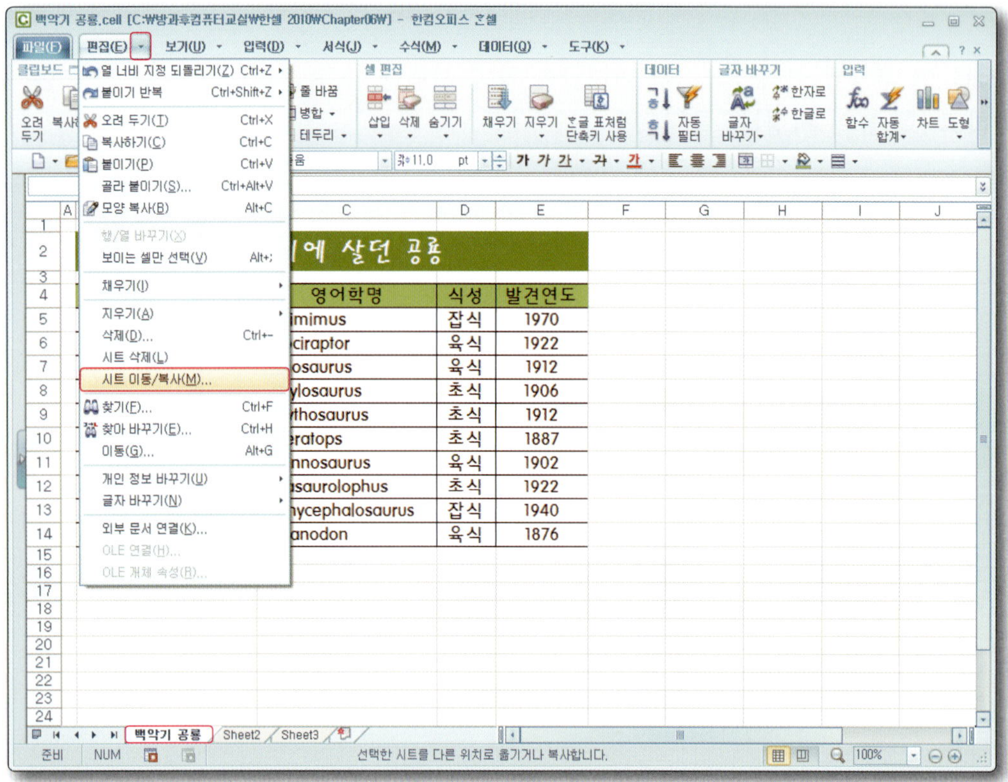

8. [시트 이동/복사] 대화상자가 나타나면 대상 통합 문서(백악기 공룡.cell)와 다음의 시트 앞에(Sheet3)를 선택한 후 [복사]를 선택한 다음 [확인] 단추를 클릭

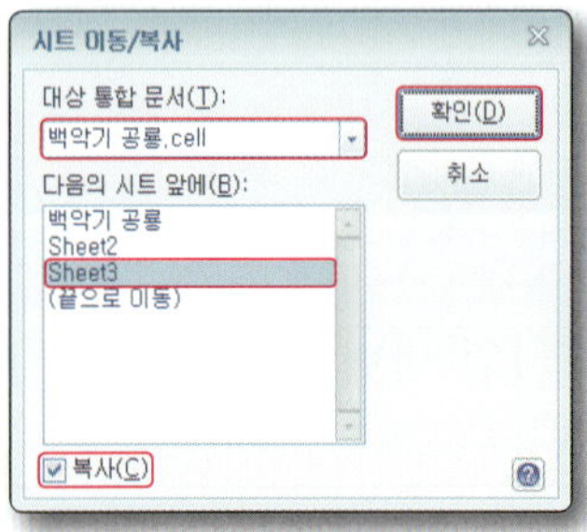

시트 삭제하기

9. 시트 탭에서 [Sheet2] 시트를 선택한 후 [편집] 탭의 ▾[목록] 단추를 클릭한 다음 [시트 삭제]를 클릭

10. 같은 방법으로 [Sheet3] 시트를 삭제

1 다음과 같이 '공룡' 문서를 연 후 행 높이와 열 너비를 지정해 보세요.

- 행 높이 : 1행(10)
- 열 너비 : A열(1), B열(60)

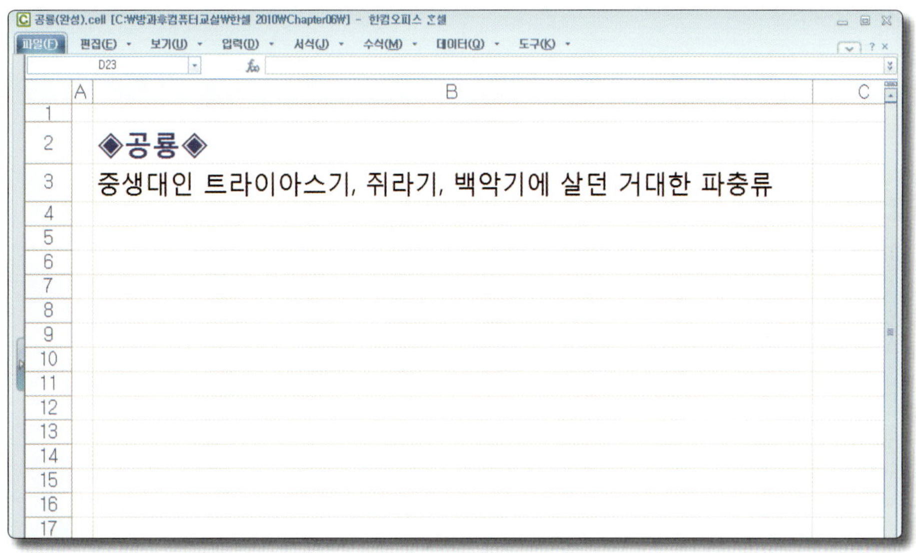

2 다음과 같이 '쥐라기 공룡' 문서를 연 후 행을 삽입한 다음 시트 이름을 바꾸어 보세요.

- 행 삽입 : 1행 앞에 삽입
- 시트 이름 바꾸기 : Sheet1 → 쥐라기 공룡

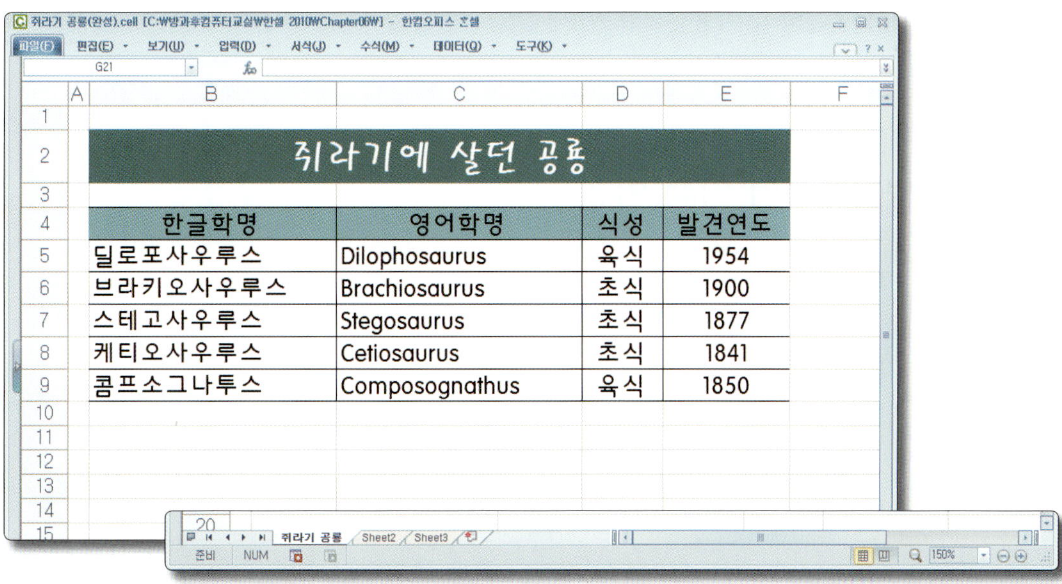

> 힌트
>
> 1행 머리글을 선택한 후 [입력] 탭의 ▾[목록] 단추를 클릭한 다음 [행 삽입]을 클릭하면 1행 앞에 행을 삽입할 수 있습니다.

3 다음과 같이 '화석지 수' 문서를 연 후 시트를 복사한 다음 시트를 삭제해 보세요.

- 시트 복사 : [화석지 수] 시트를 [Sheet3] 시트 앞에 복사
- 시트 삭제 : [Sheet2] 시트

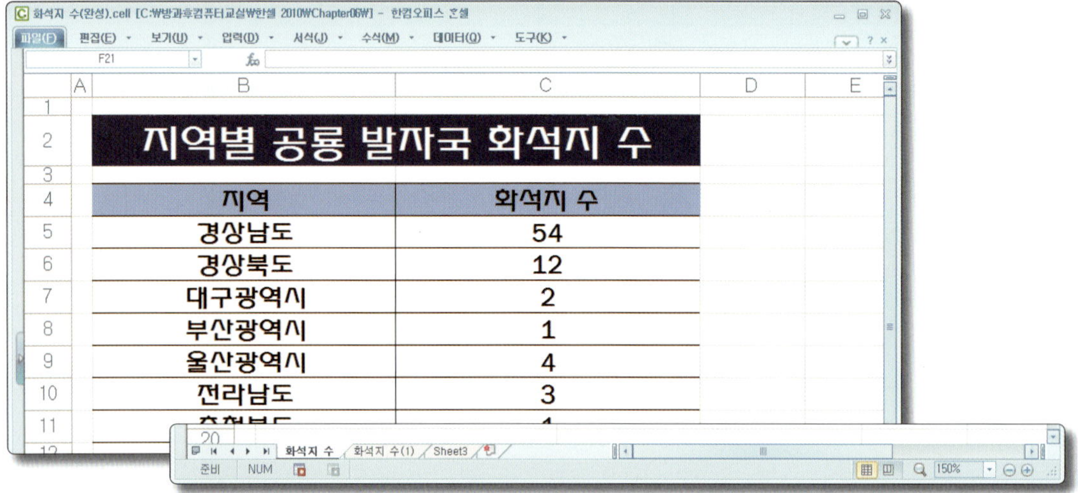

4 다음과 같이 '화석 이용' 문서를 연 후 시트를 이동한 다음 시트를 삽입해 보세요.

- 시트 이동 : [화석 이용] 시트를 끝으로 이동
- 시트 삽입 : 새 시트를 [화석 이용] 시트 뒤에 삽입

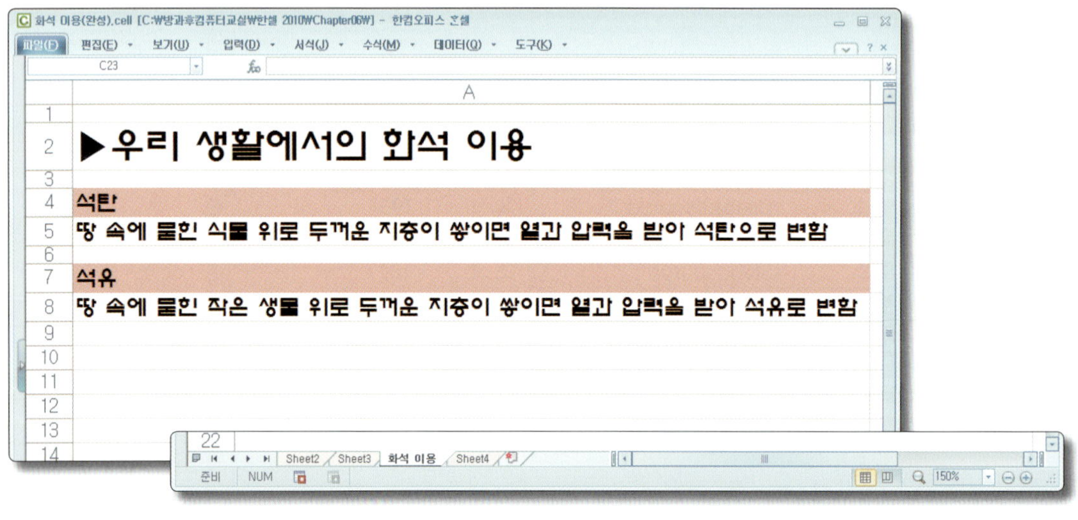

힌트

- [화석 이용] 시트를 선택한 후 [시트 이동/복사] 대화상자에서 대상 통합 문서(화석 이용.cell)와 다음의 시트 앞에((끝으로 이동))를 선택한 다음 [확인] 단추를 클릭하면 [화석 이용] 시트를 끝으로 이동시킬 수 있습니다.
- 시트 탭에서 [시트 삽입]을 클릭하면 새 시트를 [화석 이용] 시트 뒤에 삽입할 수 있습니다.

Chapter 07 이순신 장군의 주요 해전 알아보기

👆 쪽을 설정하는 방법에 대해 알아보겠습니다.

👆 문서를 인쇄하는 방법에 대해 알아보겠습니다.

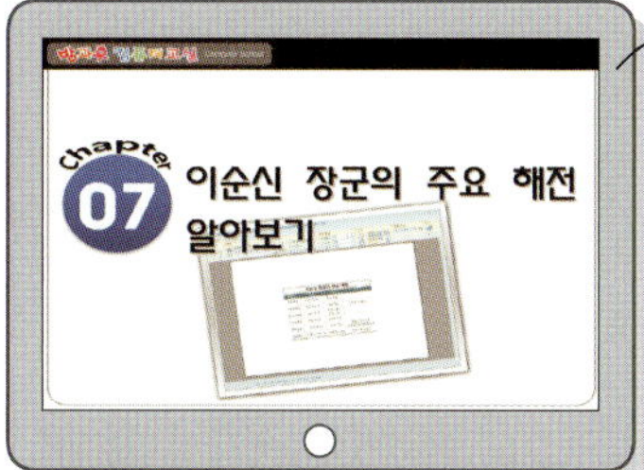

완성작품 미리보기

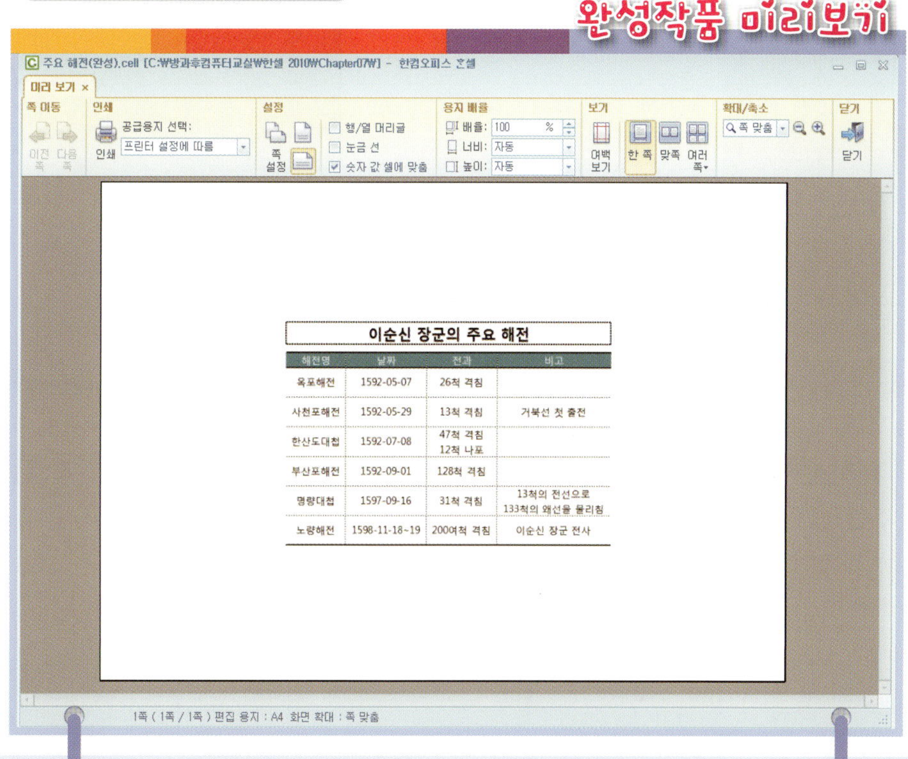

이순신 장군은 임진왜란 때 모두 23번의 해전을 치렀는데, 한 번도 지지 않았습니다. 특히 13척의 전선으로 133척의 왜선을 물리친 명량대첩은 세계 해전사에 전례가 없는 기적이라고 할 수 있는데요. 그럼 이순신 장군의 주요 해전은 무엇인지 쪽을 설정하고 문서를 인쇄하면서 알아볼까요?

쪽 설정하기

1. '주요 해전' 문서를 연 후 [파일] 탭-[미리 보기]를 클릭

2. 미리 보기 화면이 나타나면 [미리 보기] 탭-[설정] 그룹에서 [쪽 설정]을 클릭

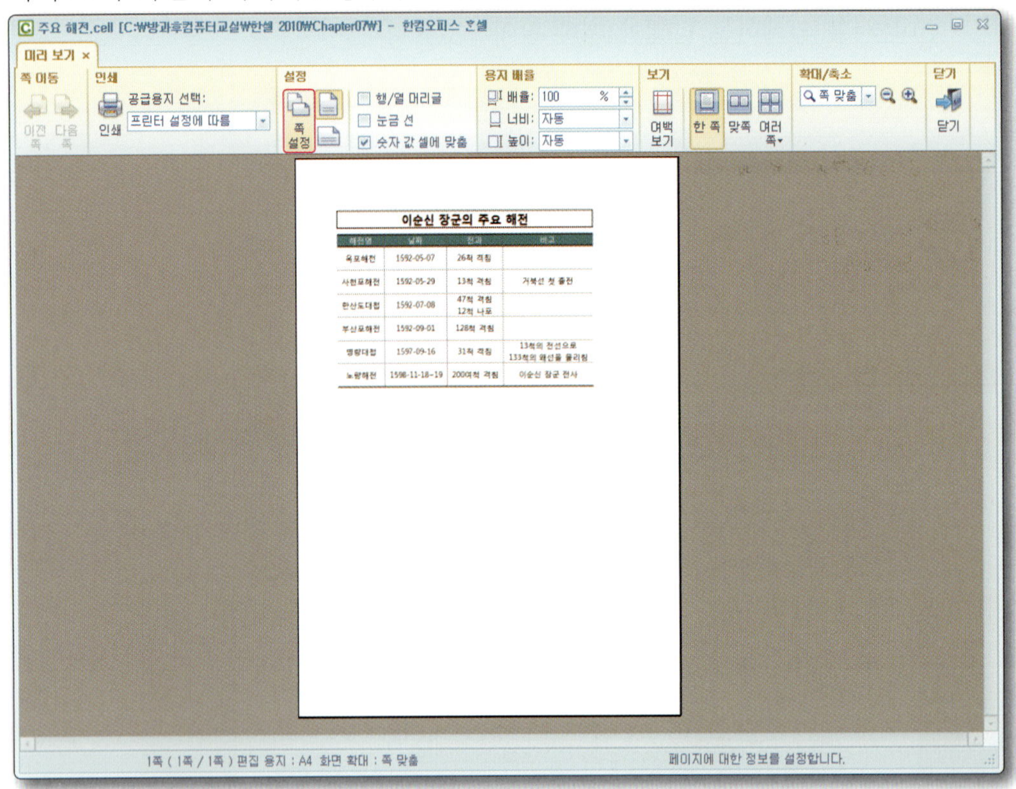

3. [쪽 설정] 대화상자가 나타나면 [쪽] 탭에서 용지 방향(넓게)을 선택한 후 [여백] 탭을 클릭. 그런 다음 [쪽 설정] 대화상자의 [여백] 탭이 나타나면 쪽 가운데에 배치([가로] 선택, [세로] 선택)를 선택한 후 [설정] 단추를 클릭

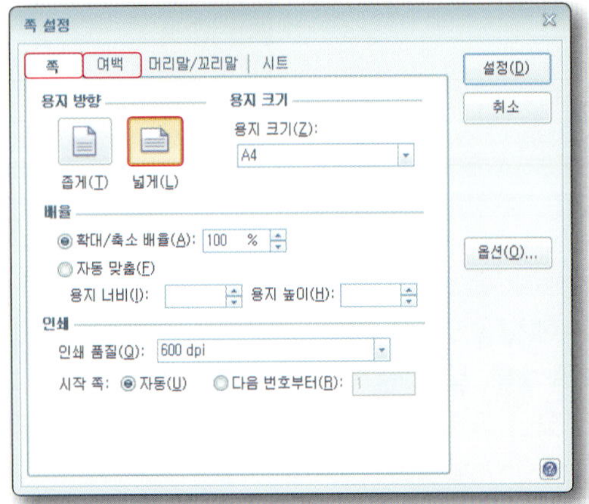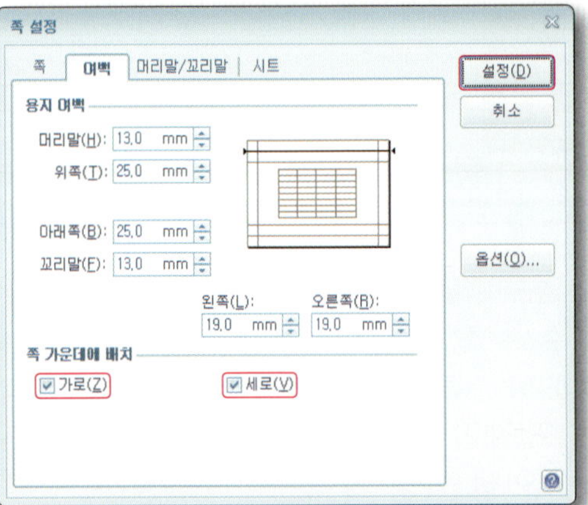

문서 인쇄하기

4. 미리 보기 화면이 다시 나타나면 [미리 보기] 탭−[인쇄] 그룹에서 [인쇄]를 클릭

5. [인쇄] 대화상자가 나타나면 [기본] 탭에서 인쇄 범위(전체)와 인쇄 대상(현재 시트)을 선택한 후 인쇄 매수(1)를 입력한 다음 [인쇄] 단추를 클릭

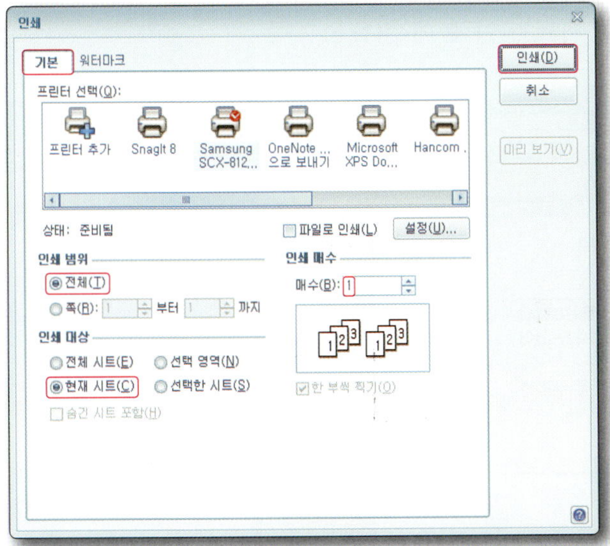

6. 문서가 인쇄되면 [미리 보기] 탭−[닫기] 그룹에서 [닫기]를 클릭

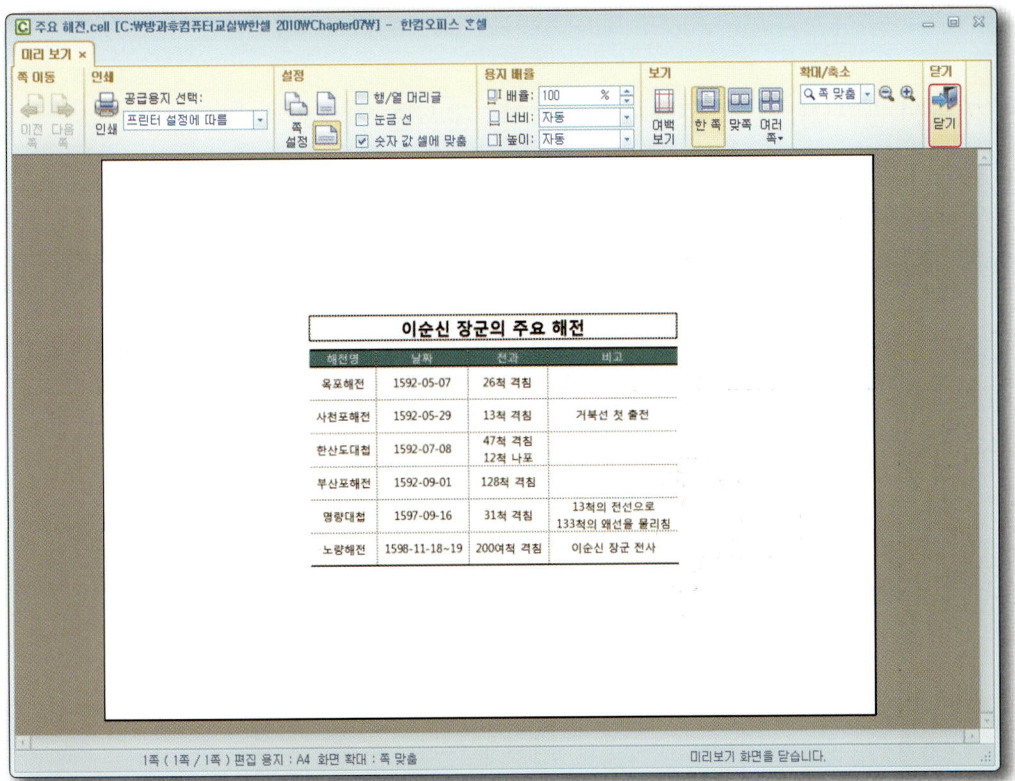

7. 미리 보기 화면이 닫힌 것을 확인

1 다음과 같이 '이순신 장군' 문서를 연 후 쪽을 설정한 다음 문서를 인쇄해 보세요.

- 쪽 설정 : 용지 방향(넓게), 쪽 가운데에 배치([가로] 선택)
- 문서 인쇄 : 인쇄 범위(전체), 인쇄 대상(현재 시트), 인쇄 매수(1)

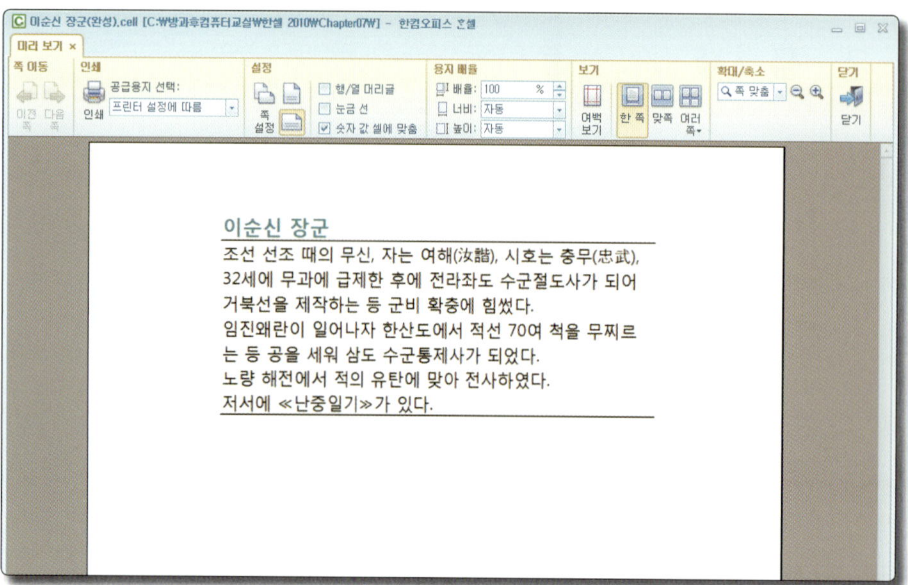

2 다음과 같이 '거북선' 문서를 연 후 쪽을 설정한 다음 문서를 인쇄해 보세요.

- 쪽 설정 : 용지 방향(좁게), 쪽 가운데에 배치([가로] 선택)
- 문서 인쇄 : 인쇄 범위(전체), 인쇄 대상(현재 시트), 인쇄 매수(1)

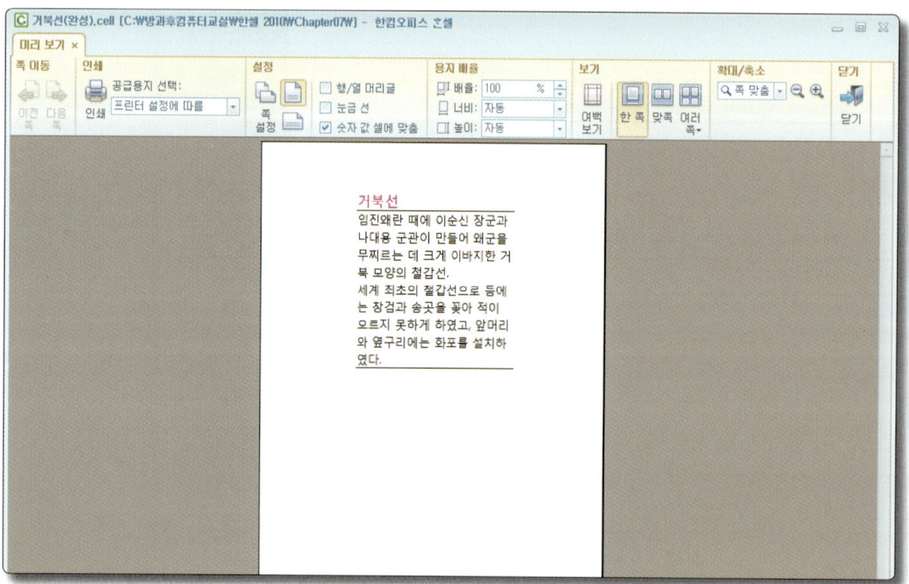

③ 다음과 같이 '과학 기구 발명' 문서를 연 후 쪽을 설정한 다음 문서를 인쇄해 보세요.

- 쪽 설정 : 용지 방향(좁게), 쪽 가운데에 배치([가로] 선택, [세로] 선택)
- 문서 인쇄 : 인쇄 범위(전체), 인쇄 대상(현재 시트), 인쇄 매수(1)

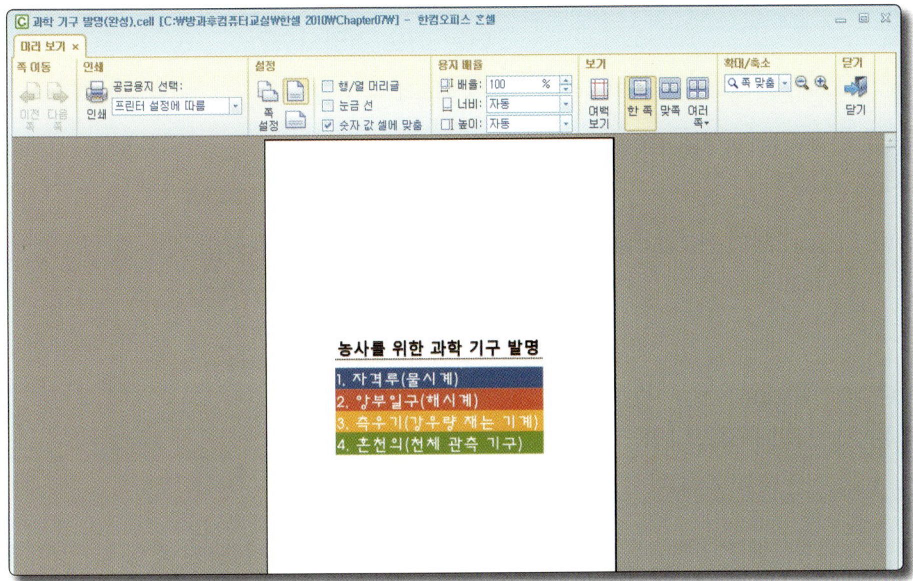

④ 다음과 같이 '전란' 문서를 연 후 쪽을 설정한 다음 문서를 인쇄해 보세요.

- 쪽 설정 : 용지 방향(넓게), 쪽 가운데에 배치([가로] 선택, [세로] 선택)
- 문서 인쇄 : 인쇄 범위(전체), 인쇄 대상(현재 시트), 인쇄 매수(1)

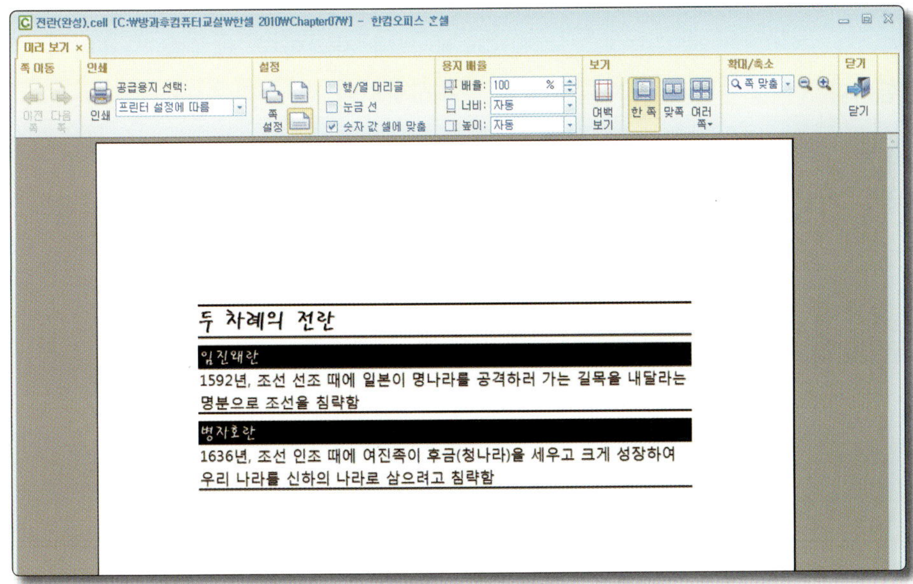

01 다음 □ 안에 들어갈 말은 무엇인지 쓰시오.

> 행과 열이 교차하면서 생긴 사각형 모양의 영역을 □(이)라고 합니다.

02 다음 중 날짜나 시간을 입력하는 방법으로 옳지 않은 것은 어느 것입니까?

① 11-5
② 11/5
③ 4:30
④ 4시30분

03 다음 중 원하는 곳에서 줄을 바꿔 하나의 셀에 두 줄 이상 입력할 수 있는 키는 어느 것입니까?

① Enter
② Ctrl + Enter
③ Shift + Enter
④ Alt + Enter

04 다음 중 열 너비를 변경하는 방법으로 옳지 않은 것은 어느 것입니까?

① 열 머리글을 선택한 후 [서식] 탭-[행/열] 그룹에서 [열 너비]를 클릭한 다음 [열 자동 맞춤]을 클릭합니다.
② 열 머리글을 클릭합니다.
③ 열 머리글의 경계선을 드래그합니다.
④ 열 머리글의 경계선을 더블클릭합니다.

05 다음 중 ▭ 과 같이 셀 포인터 오른쪽 아래에 있는 정사각형을 무엇이라고 하는지 고르시오.

① 자동 채우기 핸들
② 모양 조정 핸들
③ 회전 핸들
④ 크기 조정 핸들

06 B2셀에 입력되어 있는 데이터는 '학교1', B3셀에 입력되어 있는 데이터는 '학교3'입니다. 다음 중 B2:B3셀 범위를 선택한 후 자동 채우기 핸들을 B7셀까지 드래그한 경우, B7셀에 입력되는 데이터는 어느 것입니까?

① 학교1
② 학교3
③ 학교9
④ 학교11

07 다음 중 선택한 셀들을 병합한 후 가로 방향으로 병합된 셀의 가운데에 텍스트를 표시할 수 있는 명령은 어느 것입니까?

① (그림)
② (그림)
③ (그림)
④ (그림)

08 다음 중 명령에 대한 설명으로 옳지 않은 것은 어느 것입니까?

① +.0 : 소수 자릿수를 줄여 셀 값을 간단히 표시합니다.
② % : 셀 값에 100을 곱한 값을 백분율 기호와 함께 표시합니다.
③ , : 세 자리마다 쉼표를 사용하여 셀 값을 표시합니다.
④ ₩ : 통화 기호를 사용하여 셀 값을 표시합니다.

▶ 정답은 120페이지에 있습니다.

09 다음과 같이 '통신' 문서를 연 후 문서를 꾸며 보세요.

- 열 너비 : A열(55)
- A2셀 : 글자 서식(글꼴(HY센스L), 글자 크기(20)), 채우기 서식(채우기 색(연한 올리브색))
- A3셀 : 글자 서식(글꼴(맑은 고딕), 글자 크기(16))
- A2:A3셀 범위 : 테두리 서식(테두리 종류(──), ▦[위], ▥[아래])

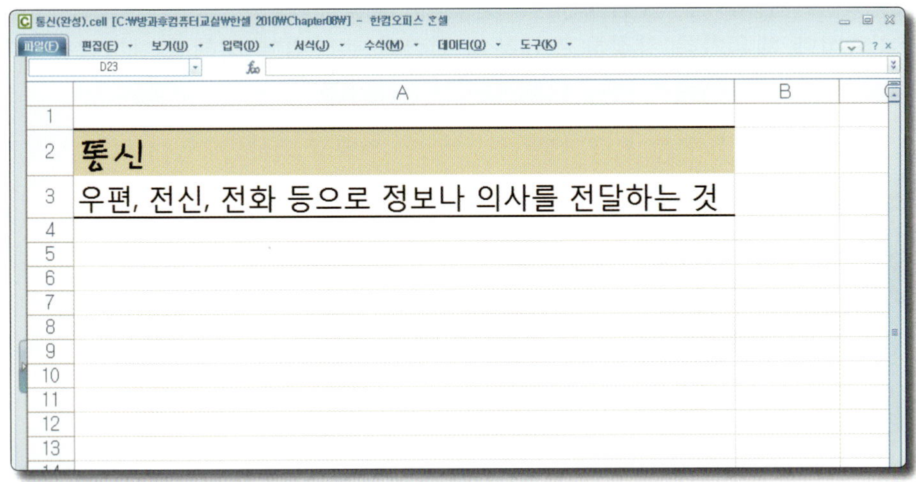

10 다음과 같이 '통신의 방법과 종류' 문서를 연 후 문서를 꾸며 보세요.

- A2:B2셀 범위 : 맞춤 서식(병합하고 가운데 맞춤)
- A3:B3셀 범위/A5:B5셀 범위 : 채우기 서식(채우기 색(루비색 80% 밝게))
- A3:B6셀 범위 : 테두리 서식(테두리 종류(──), ▦[위], ▥[아래] → 테두리 종류(------), [안쪽])
- 시트 이름 바꾸기 : Sheet1 → 통신의 방법과 종류
- 시트 삭제 : [Sheet2] 시트, [Sheet3] 시트

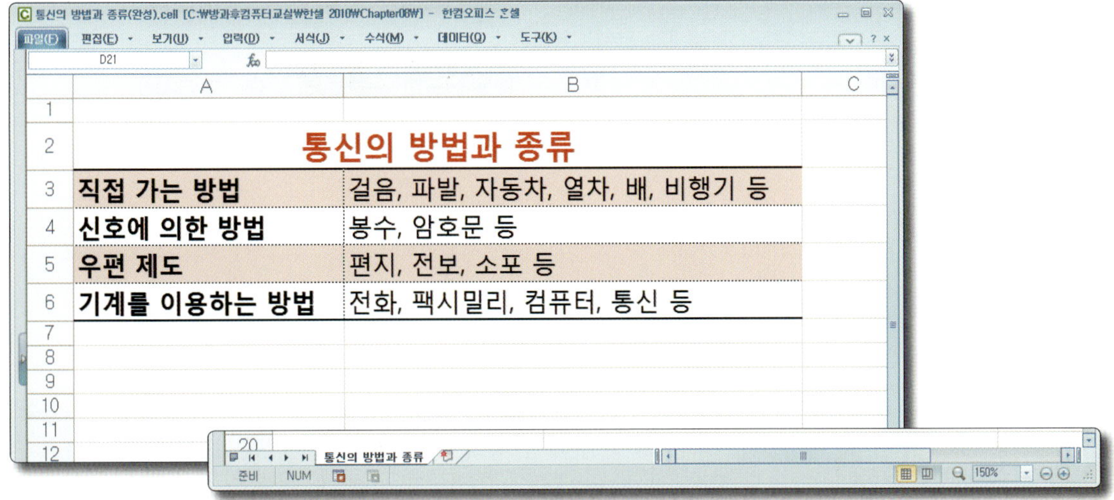

Chapter 09 토론 내용 정리하기

- 도형을 삽입하는 방법에 대해 알아보겠습니다.
- 도형에 채우기를 지정하고 내용을 입력하는 방법에 대해 알아보겠습니다.
- 도형을 복사하는 방법에 대해 알아보겠습니다.

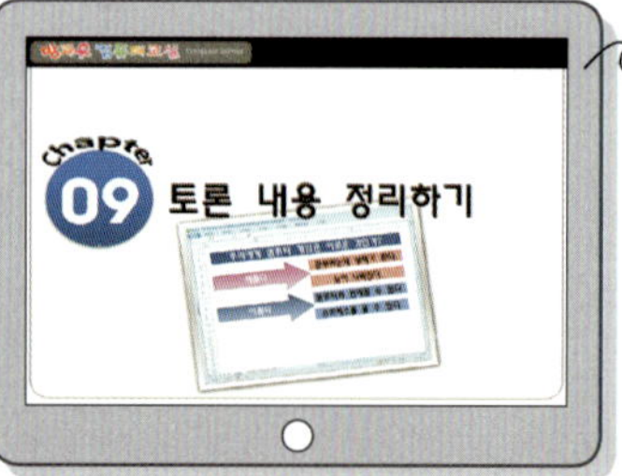

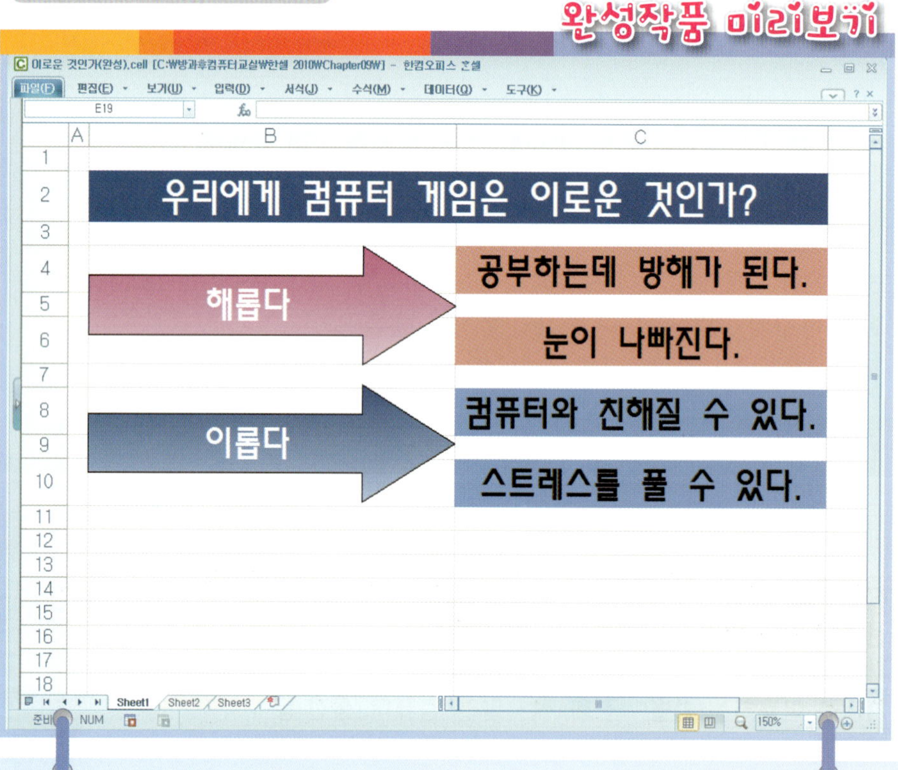

토론은 어떤 주제에 대하여 여러 사람이 자신의 의견을 말하며 논의하는 것입니다. 토론을 할 때는 시간을 준수하면서 상대방의 의견을 끝까지 듣고, 근거를 대면서 자신의 의견을 말해야 하는데요. 그럼 '우리에게 컴퓨터 게임은 이로운 것인가?'에 대한 토론 내용을 도형을 삽입한 후 채우기를 지정하고 내용을 입력한 다음 도형을 복사하면서 정리해 볼까요?

도형 삽입하기

1. '이로운 것인가' 문서를 연 후 [입력] 탭–[개체] 그룹에서 ↓[자세히]를 클릭한 다음 ➡[오른쪽 화살표]를 클릭

2. 마우스 포인터가 + 모양으로 변경되면 드래그하여 도형을 삽입

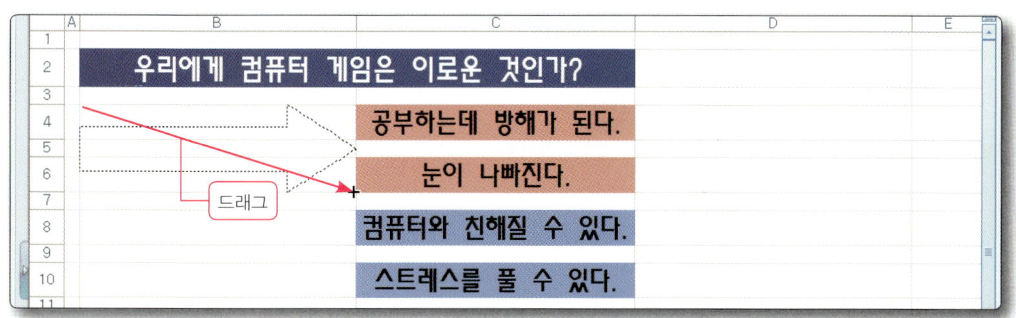

도형에 채우기 지정하기

3. 도형을 선택한 후 [도형] 탭–[스타일] 그룹에서 [채우기]의 ▼[목록] 단추를 클릭한 다음 [채우기 효과]를 클릭

4. [채우기 효과] 대화상자가 나타나면 [그러데이션] 탭에서 [두 색]을 선택한 후 색 적용 1(진달래색)과 색 적용 2(진달래색 60% 밝게)를 선택한 다음 유형(■)과 적용(■)을 선택하고 [설정] 단추를 클릭

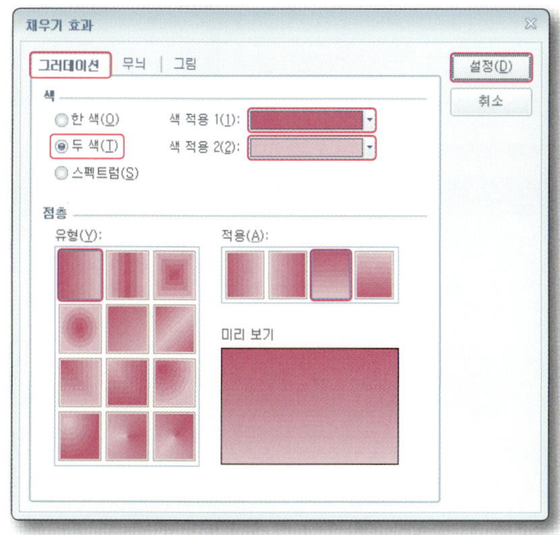

도형에 내용 입력하기

5. 도형을 선택한 후 [도형] 탭–[도형] 그룹에서 [글자 넣기]를 클릭

6. 도형에 내용을 입력한 후 내용을 드래그하여 선택한 다음 서식 도구 상자에서 글꼴(휴먼모음T), 글자 크기(20), 글자 색(하양)을 선택

7. [도형] 탭-[글상자] 그룹에서 ≣[가운데(가로)]를 클릭한 다음 ≣[가운데(세로)]를 클릭

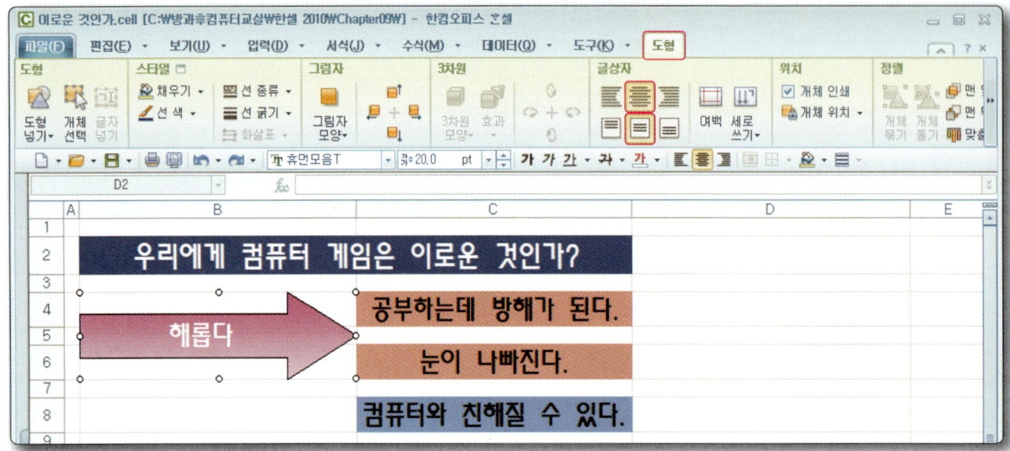

도형 복사하기

8. 도형을 선택한 후 Ctrl 을 누른 상태에서 도형을 아래로 드래그하여 도형을 복사

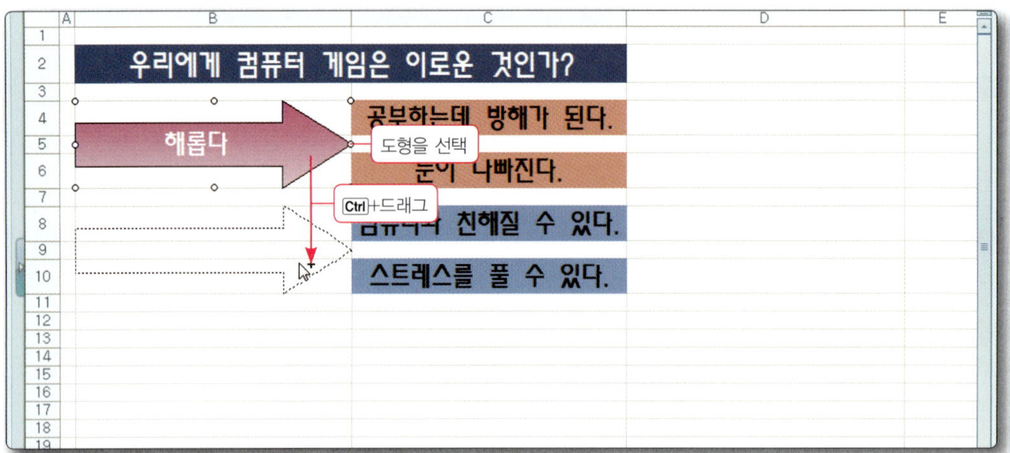

9. 도형이 복사되면 복사한 도형의 내용을 수정한 후 같은 방법으로 복사한 도형에 채우기를 지정

- 채우기 : 채우기 효과(그러데이션(두 색, 색 적용 1(바다색), 색 적용 2(바다색 60% 밝게), 유형(▮), 적용(▬))

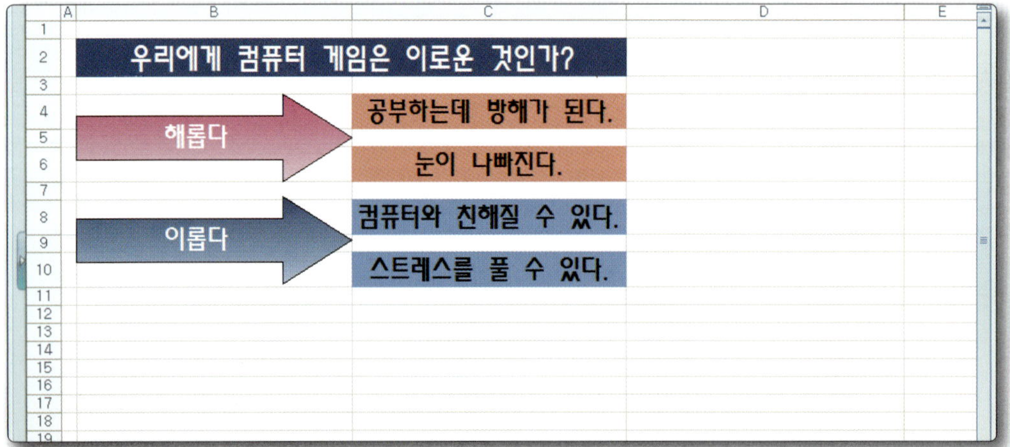

1 다음과 같이 '예사말과 높임말' 문서를 연 후 도형을 삽입한 다음 채우기를 지정하고 내용을 입력해 보세요.

- 도형 삽입 : ▷[갈매기형 수장]
- 채우기 : 채우기 효과(그러데이션(두 색, 색 적용 1(검은 바다색), 색 적용 2(검은 바다색 60% 밝게), 유형(■), 적용(■))
- 내용 입력 : 글꼴(맑은 고딕), 글꼴 크기(20), 글자 색(하양), ≣[가운데(가로)], ≣[가운데(세로)]

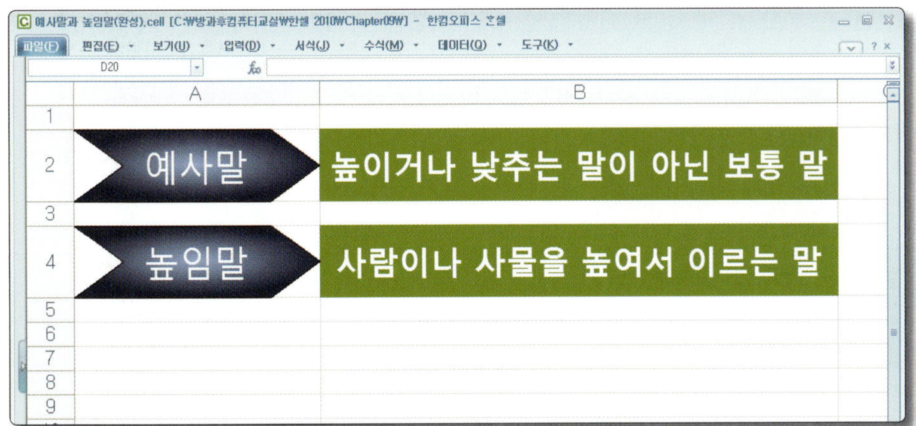

2 다음과 같이 '소개하는 말을 들을 때' 문서를 연 후 도형을 삽입한 다음 채우기를 지정하고 내용을 입력해 보세요.

- 도형 삽입 : ▢[둥근 사각형]
- 채우기 : 채우기 색(검은 바다색)
- 내용 입력 : 글꼴(맑은 고딕), 글꼴 크기(16), **가**[진하게], 글자 색(하양), ≣[가운데(가로)], ≣[가운데(세로)]

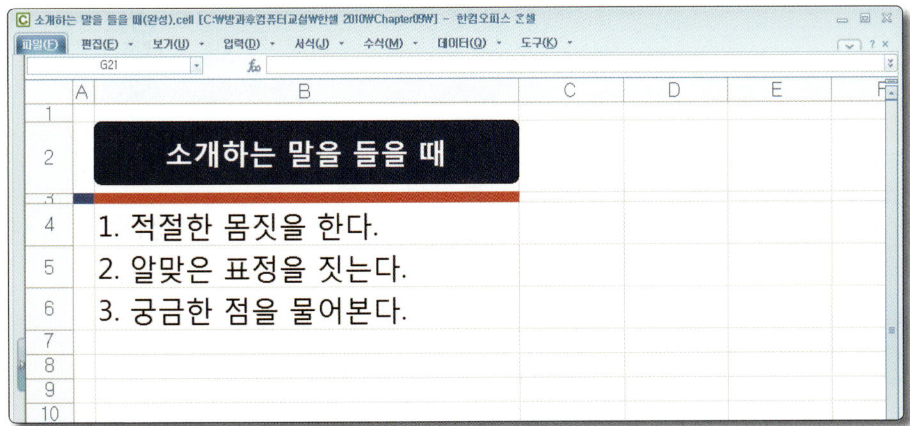

3 다음과 같이 '화폐의 역사' 문서를 연 후 도형을 삽입한 다음 채우기를 지정하고 내용을 입력해 보세요.

- 도형 삽입 : ▭[둥근 오른쪽 그림자 사각형]
- 채우기 : 채우기 효과(그러데이션(두 색, 색 적용 1(바다색), 색 적용 2(바다색 60% 밝게), 유형(▧), 적용(▧))
- 내용 입력 : 글꼴(휴먼엑스포), 글꼴 크기(18), 글자 색(하양), ▤[가운데(가로)], ▤[가운데(세로)]

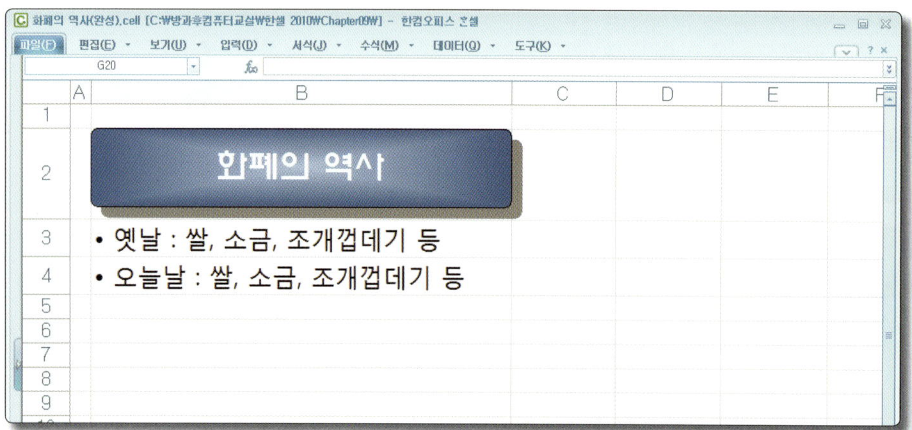

4 다음과 같이 '수표' 문서를 연 후 도형을 삽입한 다음 채우기를 지정하고 내용을 입력해 보세요.

- 도형 삽입 : ⬡[배지]
- 채우기 : 채우기 색(진달래색)
- 내용 입력 : 글꼴(맑은 고딕), 글꼴 크기(16), **가**[진하게], 글자 색(하양), ▤[가운데(가로)], ▤[가운데(세로)]

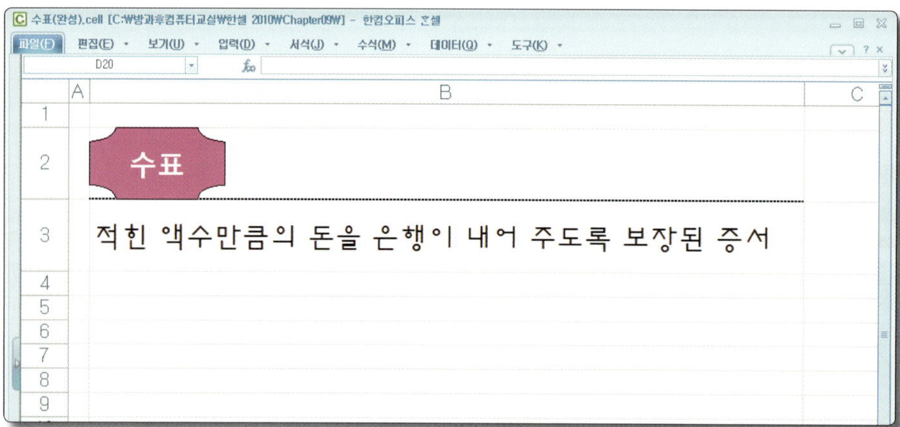

Chapter 10 물고기의 생김새 알아보기

☝ 워드숍을 삽입하는 방법에 대해 알아보겠습니다.
✌ 워드숍 도형을 지정하는 방법에 대해 알아보겠습니다.
🤟 워드숍에 그림자를 지정하는 방법에 대해 알아보겠습니다.

물고기는 물에서 사는 척추동물입니다. 물고기는 물에서 살기 때문에 헤엄을 쳐서 이동할 수 있도록 몸이 구성되어 있는데요. 그럼 물고기는 어떻게 생겼는지 워드숍을 삽입한 후 워드숍 도형을 지정한 다음 그림자를 지정하면서 알아볼까요?

워드숍 삽입하기

1. '물고기의 생김새' 문서를 연 후 A3셀을 선택한 다음 [입력] 탭-[개체] 그룹에서 [워드숍]을 클릭하고 **가나다**[채우기 – 주황색 그러데이션, 회색 그림자, 일자형 모양]을 클릭

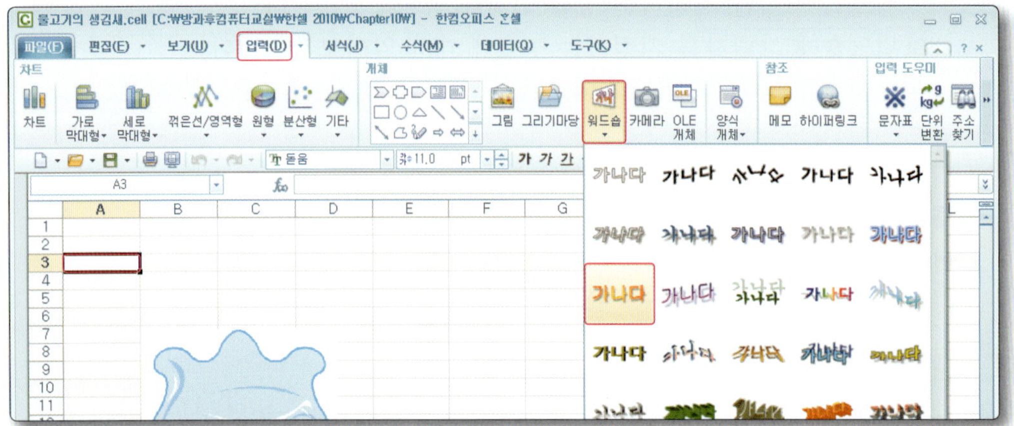

2. [워드숍 만들기] 대화상자가 나타나면 내용(물고기의 생김새)을 입력한 후 글꼴(휴먼편지체), 크기(48), 글꼴 속성(진하게-기울임)을 선택한 다음 [설정] 단추를 클릭

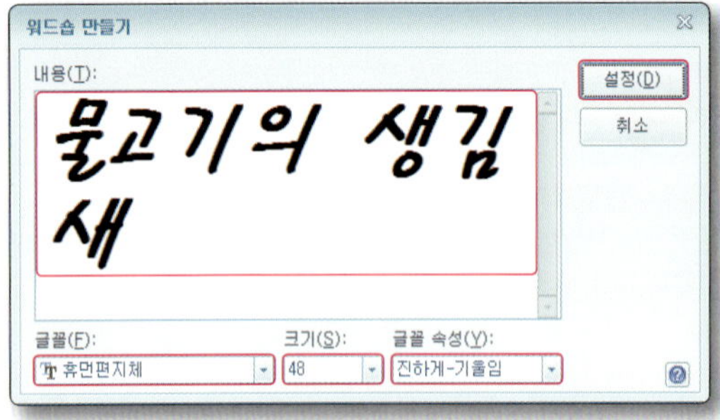

워드숍 도형 지정하기

3. 워드숍을 선택한 후 [워드숍] 탭-[속성] 그룹에서 [워드숍 도형]을 클릭한 다음 [원통 위]를 클릭

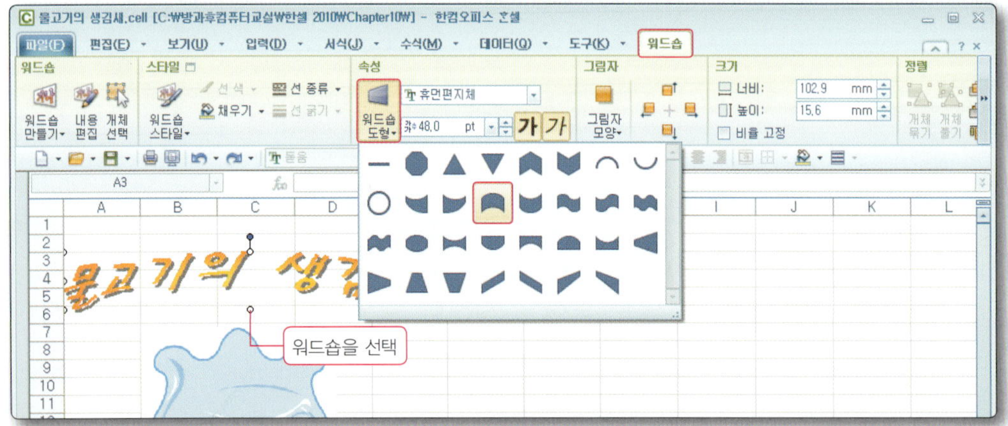

워드숍에 그림자 지정하기

4. 워드숍을 선택한 후 [워드숍] 탭-[그림자] 그룹에서 [그림자 모양]을 클릭한 다음 ▨[그림자 모양 18]을 클릭

5. 워드숍에 그림자가 지정된 것을 확인

그림자 색 지정하기

워드숍을 선택한 후 [워드숍] 탭-[그림자] 그룹에서 [그림자 모양]을 클릭한 다음 [그림자 색]에서 원하는 색을 선택하면 그림자 색을 지정할 수 있습니다.

1 다음과 같이 '나비' 문서를 연 후 워드숍을 삽입한 다음 워드숍 도형과 그림자를 지정해 보세요.

- 워드숍 삽입 : **가나다**[채우기 – 무지개색, 회색그림자, 일자형 모양], 글꼴(HY목판L), 크기(72), 글꼴 속성(보통)
- 워드숍 도형 : ▶◀[수축]
- 그림자 : ☐[그림자 모양 14]

2 다음과 같이 '잠자리' 문서를 연 후 워드숍을 삽입한 다음 워드숍 도형과 그림자를 지정해 보세요.

- 워드숍 삽입 : **가나다**[채우기 – 갈색 그러데이션, 갈색 그림자, 위쪽 줄이기 모양], 글꼴(휴먼모음T), 크기(72), 글꼴 속성(진하게)
- 워드숍 도형 : ◠[아래쪽 팽창]
- 그림자 : 그림자 없음

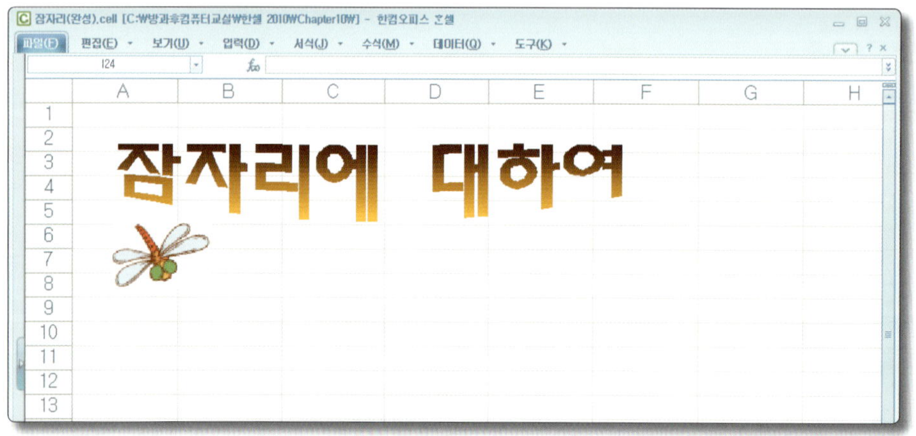

힌트

워드숍을 선택한 후 [워드숍] 탭–[그림자] 그룹에서 [그림자 모양]을 클릭한 다음 [그림자 없음]을 클릭하면 워드숍에서 그림자를 제거할 수 있습니다.

3 다음과 같이 '물물교환' 문서를 연 후 워드숍을 삽입한 다음 워드숍 도형과 그림자를 지정해 보세요.

- 워드숍 삽입 : 가나다[채우기 – 파란색, 회색그림자, 일자형 모양], 글꼴(휴먼옛체), 크기(48), 글꼴 속성(보통)
- 워드숍 도형 : [이중 물결 1]　　　　　　　　• 그림자 : [그림자 모양 18]

4 다음과 같이 '산업의 종류' 문서를 연 후 워드숍을 삽입한 다음 워드숍 도형과 채우기를 지정해 보세요.

- 워드숍 삽입 : 가나다[채우기 – 하늘색, 탁한 황갈색 그림자, 일자형 모양], 글꼴(휴먼편지체), 크기(72), 글꼴 속성(진하게)
- 워드숍 도형 : [원통 위]　　　　　　　　• 채우기 : 채우기 색(검은 바다색)

힌트

워드숍을 선택한 후 [워드숍] 탭–[스타일] 그룹에서 [채우기]의 ▾[목록] 단추를 클릭한 다음 원하는 색을 선택하면 채우기 색을 지정할 수 있습니다.

Chapter 11

금융기관의 종류 알아보기

✋ 클립아트를 삽입하는 방법에 대해 알아보겠습니다.
✋ 클립아트에 효과를 지정하는 방법에 대해 알아보겠습니다.

완성작품 미리보기

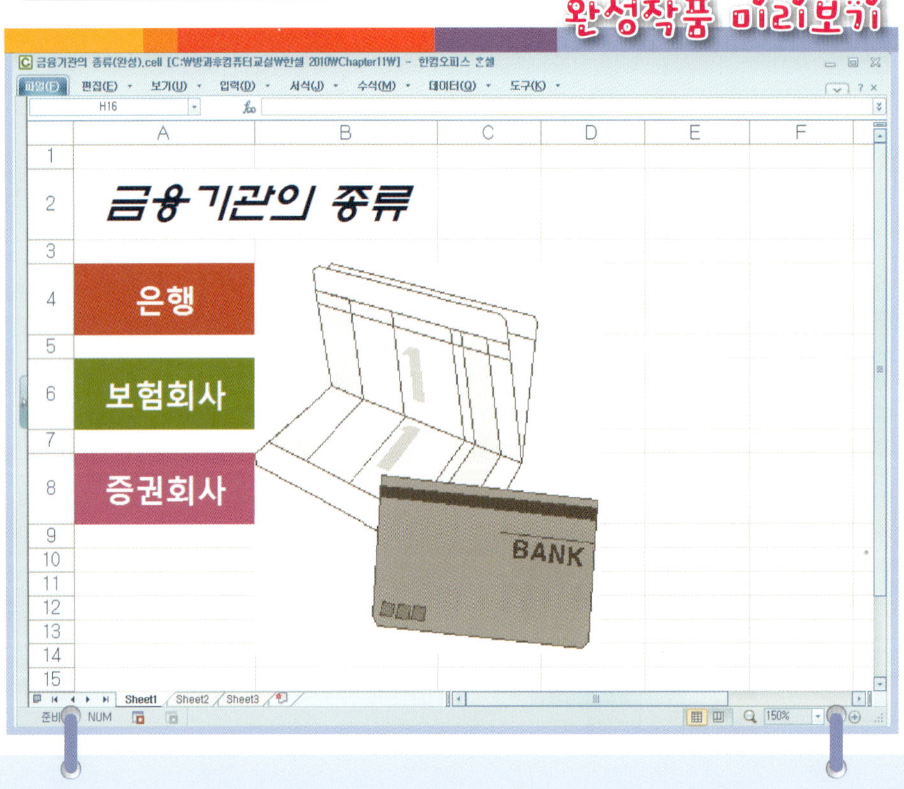

금융기관은 돈이 필요한 사람과 돈을 빌려 줄 수 있는 사람을 연결시켜 주는 기관입니다. 우리 주위에는 여러 가지 금융기관이 있는데요. 금융기관에는 어떤 것이 있는지 클립아트를 삽입한 후 효과를 지정하면서 알아볼까요?

클립아트 삽입하기

1. '금융기관의 종류' 문서를 연 후 B4셀을 선택한 다음 [입력] 탭-[개체] 그룹에서 [그리기마당]을 클릭

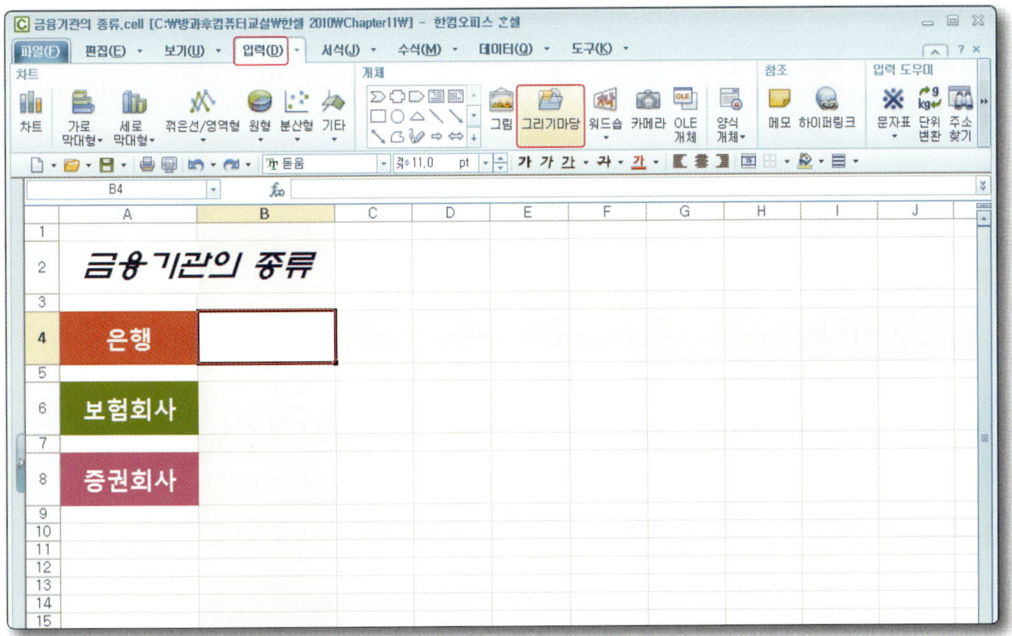

2. [그리기마당] 대화상자가 나타나면 찾을 파일(은행)을 입력한 후 [찾기] 단추를 클릭. 그런 다음 [찾기 결과] 탭을 클릭한 후 [아이콘9]를 선택한 다음 [넣기] 단추를 클릭

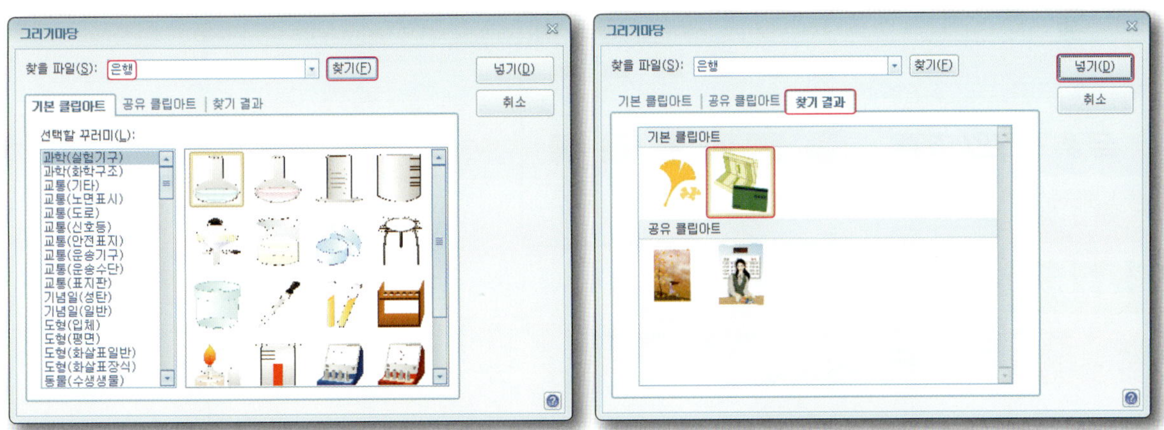

클립아트에 회색조 효과 지정하기

3. 클립아트를 선택한 후 [그림] 탭-[효과] 그룹에서 [회색조]를 클릭

클립아트의 밝기 지정하기

4. 클립아트를 선택한 후 [그림] 탭-[효과] 그룹에서 [밝기]를 클릭한 다음 ☀[10% 밝게]를 클릭

클립아트의 대비 지정하기

5. 클립아트를 선택한 후 [그림] 탭-[효과] 그룹에서 [대비]를 클릭한 다음 ▄[10% 높게]를 클릭

6. 클립아트에 대비 효과가 지정된 것을 확인

1 다음과 같이 '금융기관' 문서를 연 후 클립아트를 삽입한 다음 효과를 지정해 보세요.

- 클립아트 삽입 : 찾을 파일(지폐), 파일 이름([돈06])
- 효과 : 회색조, 밝기([5% 밝게])

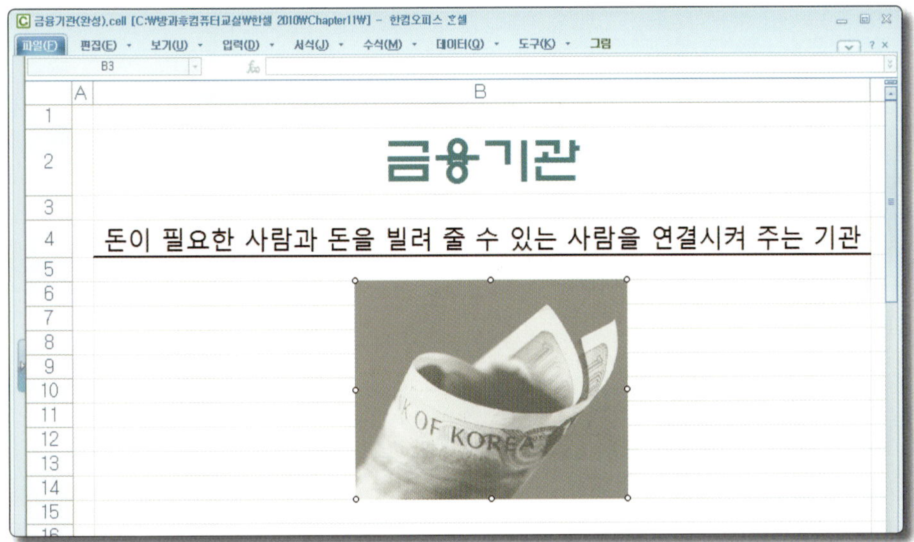

2 다음과 같이 '산행지' 문서를 연 후 클립아트를 삽입한 다음 효과를 지정해 보세요.

- 클립아트 삽입 : 찾을 파일(손), 파일 이름([손4]/[손5]/[손6])
- 효과 : 대비([50% 높게])

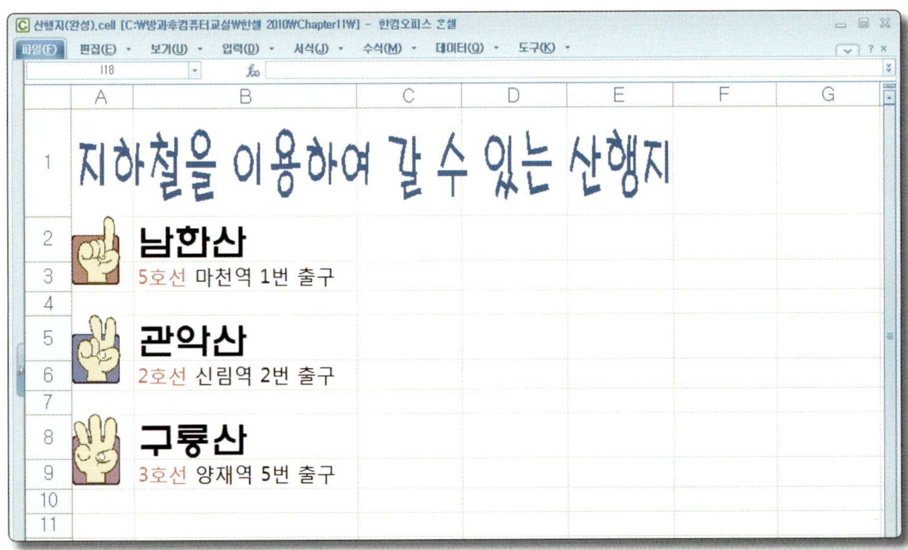

3 다음과 같이 '공원' 문서를 연 후 클립아트를 삽입한 다음 효과를 지정해 보세요.

- 클립아트 삽입 : 찾을 파일(나무), 파일 이름([숲])
- 효과 : 밝기(☀[5% 어둡게]), 대비(◼[10% 높게])

4 다음과 같이 '환전' 문서를 연 후 클립아트를 삽입한 다음 효과를 지정해 보세요.

- 클립아트 삽입 : 찾을 파일(화폐), 파일 이름([돈05])
- 효과 : 회색조

Chapter 12 창타이 만나 보기

학습목표

☝ 그림을 삽입하는 방법에 대해 알아보겠습니다.
✌ 그림을 자르는 방법에 대해 알아보겠습니다.
🖐 그림에 테두리를 지정하는 방법에 대해 알아보겠습니다.

먼저 공부 할 내용
한셀 2010.show(Chapter12)

완성작품 미리보기

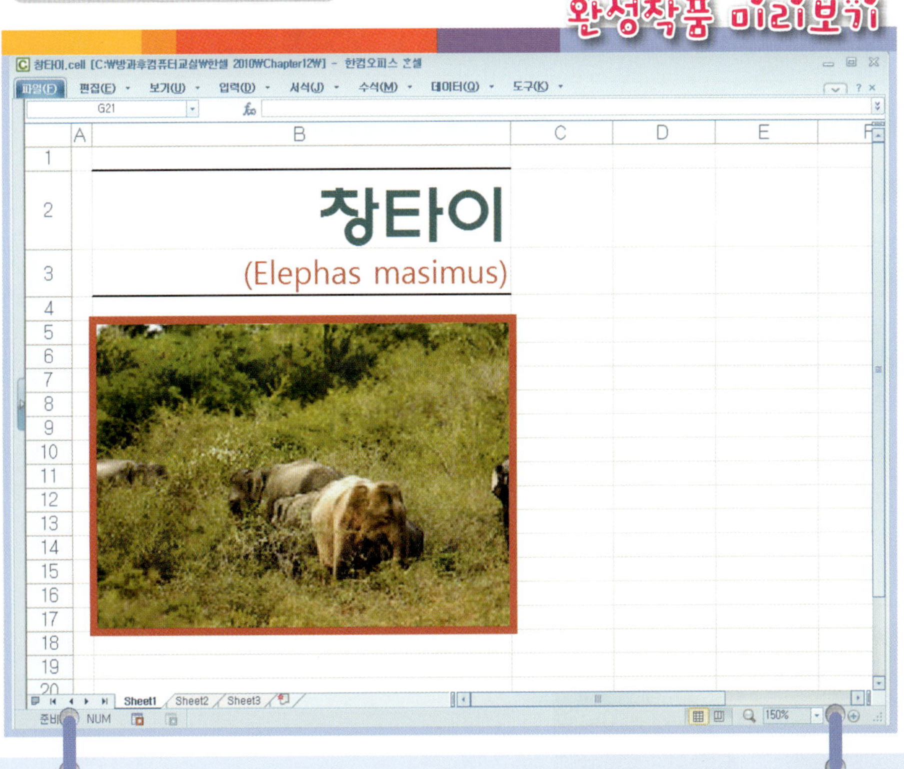

창타이는 태국 코끼리를 말합니다. 창타이는 온순하고 영리하여 쉽게 조련이 가능하기 때문에 힘든 노동이나 작업이 가능한데요. 그럼 그림을 삽입한 후 자른 다음 테두리를 지정하면서 창타이를 만나 볼까요?

그림 삽입하기

1. '창타이' 문서를 연 후 B5셀을 선택한 다음 [입력] 탭-[개체] 그룹에서 [그림]을 클릭

2. [그림 넣기] 대화상자가 나타나면 찾는 위치(C:\방과후컴퓨터교실\한셀 2010\Chapter12)를 선택한 후 파일(창타이)을 선택한 다음 [넣기] 단추를 클릭

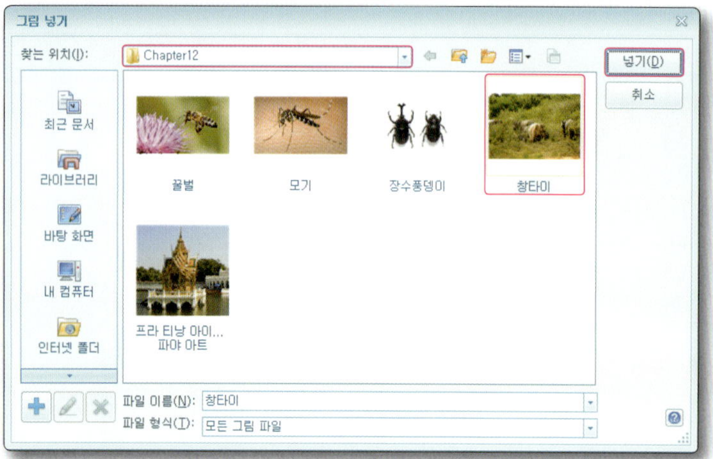

그림 자르기

3. 그림을 선택한 후 [그림] 탭-[크기/위치] 그룹에서 [자르기]를 선택

4. 그림에 자르기 핸들이 표시되면 그림의 자르기 핸들(⌐)을 드래그하여 그림을 자름

5. 그림이 잘라지면 [그림] 탭−[크기/위치] 그룹에서 [자르기]를 선택 해제

그림에 테두리 지정하기

6. 그림을 선택한 후 [그림] 탭−[효과] 그룹에서 그룹 이름(효과)을 클릭

7. [개체 속성] 대화상자가 나타나면 [색 및 선] 탭에서 선 색(루비색), 선 종류(━[실선]), 선 굵기(6 pt)
   를 선택한 후 [설정] 단추를 클릭

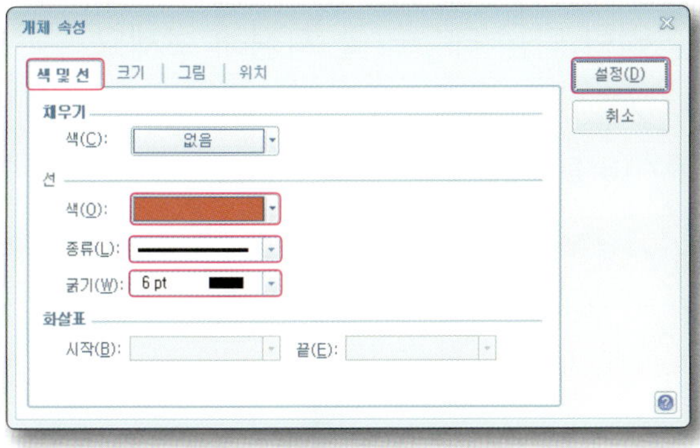

8. 그림에 테두리가 지정된 것을 확인

1 다음과 같이 '프라 티낭 아이사완 티파야 아트' 문서를 연 후 그림을 삽입한 다음 효과를 지정해 보세요.

- 그림 삽입 : 찾는 위치(C:\방과후컴퓨터교실\한셀 2010\Chapter12), 파일 이름(프라 티낭 아이사완 티피야 아트)
- 효과 : 회색조

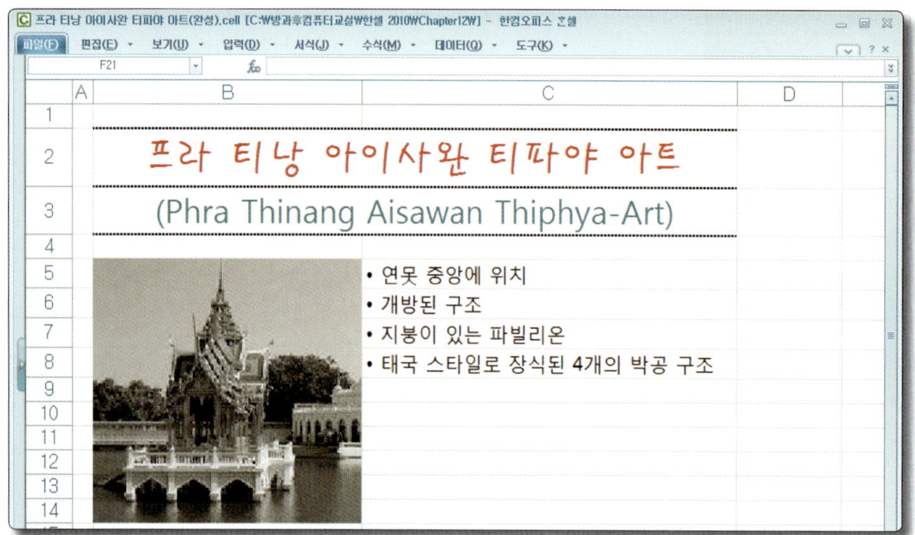

2 다음과 같이 '장수풍뎅이' 문서를 연 후 그림을 삽입한 다음 테두리를 지정해 보세요.

- 그림 삽입 : 찾는 위치(C:\방과후컴퓨터교실\한셀 2010\Chapter12), 파일 이름(장수풍뎅이)
- 테두리 : 선 색(멜론색), 선 종류(----[파선]), 선 굵기(3 1/2 pt)

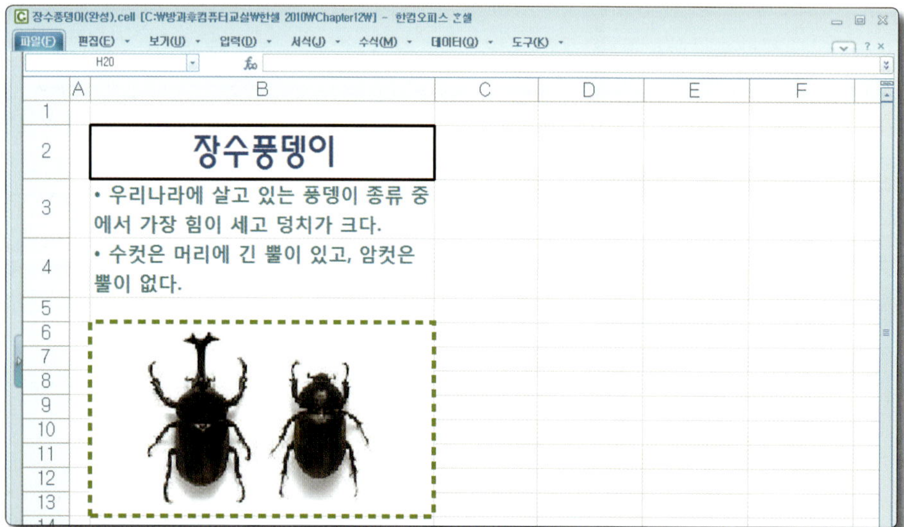

❸ 다음과 같이 '익충' 문서를 연 후 그림을 삽입한 다음 테두리를 지정해 보세요.

- 그림 삽입 : 찾는 위치(C:\방과후컴퓨터교실\한셀 2010\Chapter12), 파일 이름(익충)
- 테두리 : 선 색(하양), 선 종류(----[파선]), 선 굵기(8 pt)

❹ 다음과 같이 '해충' 문서를 연 후 그림을 삽입한 다음 효과와 테두리를 지정해 보세요.

- 그림 삽입 : 찾는 위치(C:\방과후컴퓨터교실\한셀 2010\Chapter12), 파일 이름(해충)
- 효과 : 회색조
- 테두리 : 선 색(진달래색), 선 종류(━[실선]), 선 굵기(2 1/4 pt)

Chapter 13 남학생과 여학생 비율 알아보기

👆 수식을 입력하는 방법에 대해 알아보겠습니다.
✌️ 참조에 대해 알아보겠습니다.

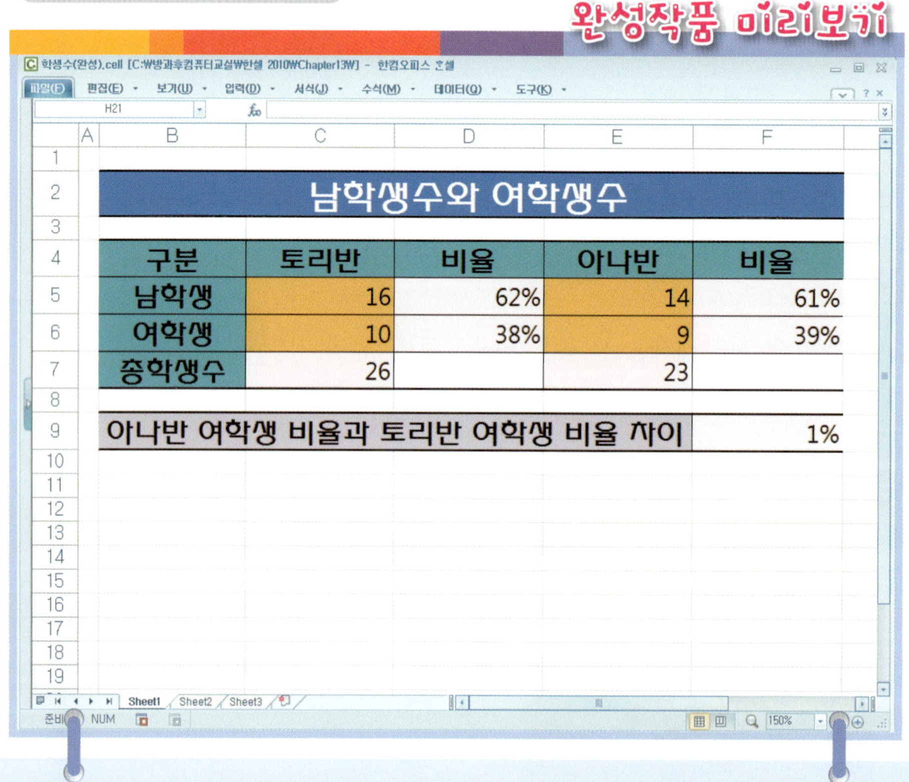

남학생수와 여학생수

구분	토리반	비율	아나반	비율
남학생	16	62%	14	61%
여학생	10	38%	9	39%
총학생수	26		23	

아나반 여학생 비율과 토리반 여학생 비율 차이	1%

비율은 두 수의 양을 직접 비교하는 것이 아니라 기준량에 대한 비교하는 양의 값으로 비교하는 것입니다. 비율은 두 수에 대한 비의 값으로서 수학뿐만 아니라 여러 분야에서 널리 사용되는데요. 그럼 토리반과 아나반의 남학생과 여학생 비율은 어떻게 되는지 수식을 입력하면서 알아볼까요?

토리반의 총학생수 구하기

1. '학생수' 문서를 연 후 C7셀에 '=C5+C6'을 입력

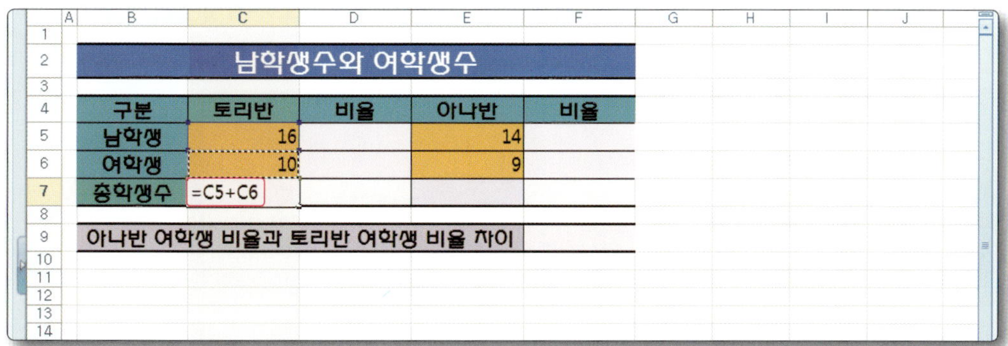

아나반의 총학생수 구하기

2. E7셀에 '=E5+E6'을 입력

토리반의 남학생과 여학생 비율 구하기

3. D5셀에 '=C5/$C$7'을 입력

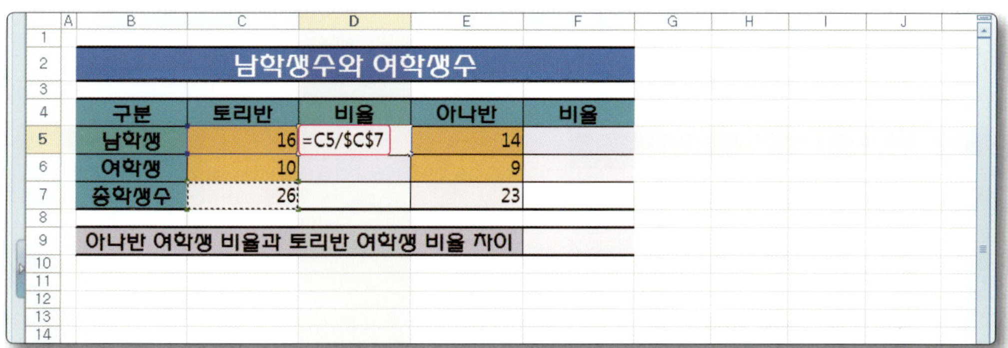

4. D5셀을 선택한 후 자동 채우기 핸들을 D6셀까지 드래그

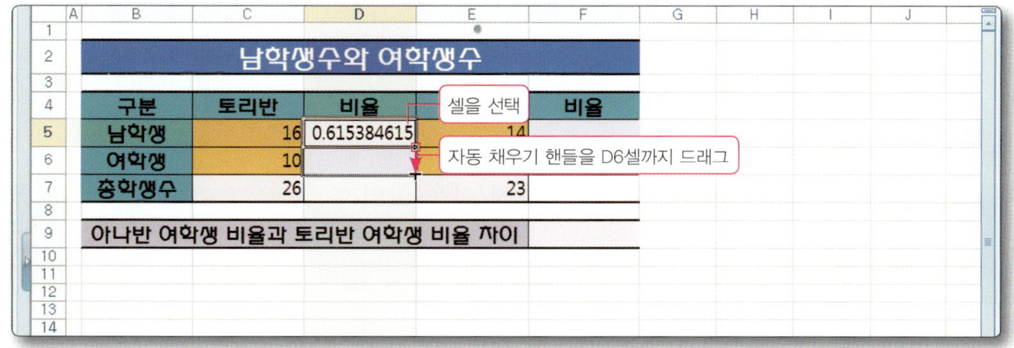

아나반의 남학생과 여학생 비율 구하기

5. F5셀에 '=E5/$E$7'을 입력

6. F5셀을 선택한 후 자동 채우기 핸들을 F6셀까지 드래그

비율을 백분율 스타일로 표시하기

7. D5:D6셀 범위와 F5:F6셀 범위를 함께 선택한 후 [서식] 탭-[표시 형식] 그룹에서 %[백분율 스타일]을 클릭

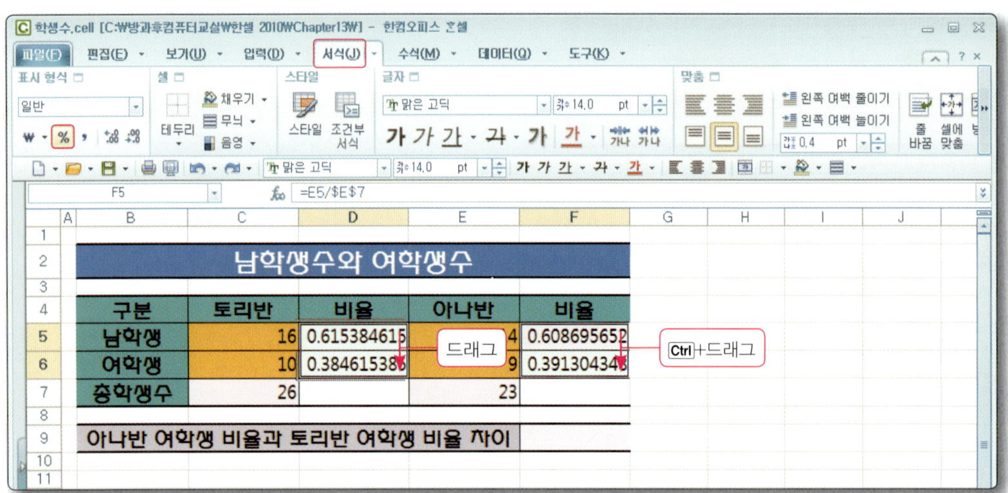

아나반 여학생 비율과 토리반 여학생 비율의 차이 구하기

8. F9셀에 '=F6-D6'을 입력

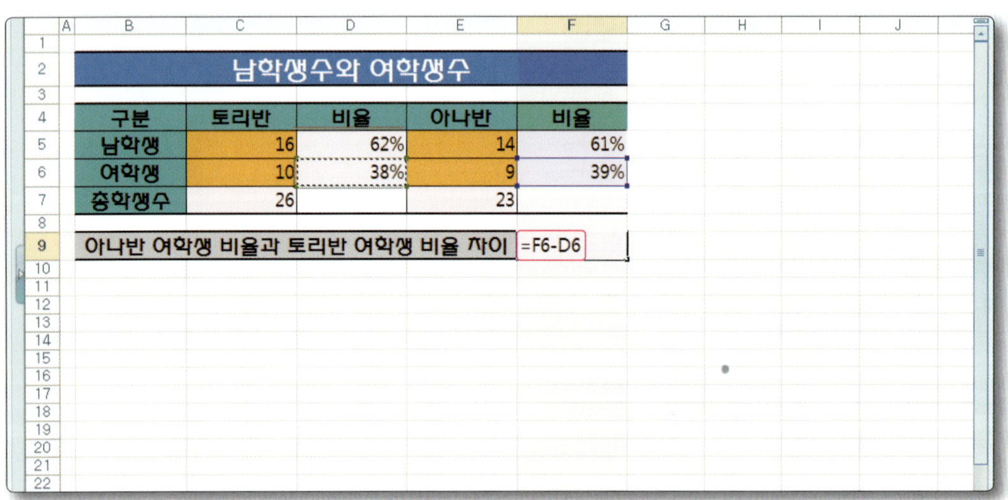

9. 아나반 여학생 비율과 토리반 여학생 비율의 차이가 구해진 것을 확인

1 다음과 같이 '1학기 저축 기입장' 문서를 연 후 합계와 비율을 구해 보세요.

- 합계(C11셀) : 저축(C5:C10셀 범위)의 합계
- 비율(D5:D10셀 범위) : 저축 / 합계(C11셀)

월	저축	비율
3월	5,000	28%
4월	2,000	11%
5월	3,000	17%
6월	4,000	22%
7월	2,000	11%
8월	2,000	11%
합계	18,000	

2 다음과 같이 '2학기 기부금 기입장' 문서를 연 후 합계와 비율을 구해 보세요.

- 합계(C11셀) : 기부금(C5:C10셀 범위)의 합계
- 비율(D5:D10셀 범위) : 기부금 / 합계(C11셀)

월	기부금	비율
9월	30,000	13%
10월	50,000	21%
11월	40,000	17%
12월	30,000	13%
1월	70,000	29%
2월	20,000	8%
합계	240,000	

3 다음과 같이 'ASIA TRY' 문서를 연 후 총참가자수와 비율을 구해 보세요.

- 총참가자수(C10셀) : 참가자수(C5:C9셀 범위)의 합계
- 비율(D5:D9셀 범위) : 참가자수 / 총참가자수(C10셀)

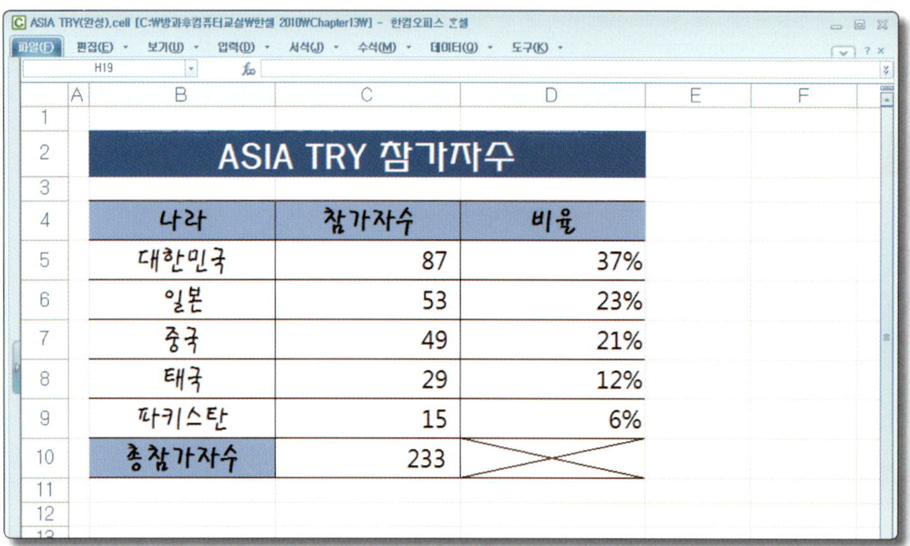

4 다음과 같이 '우리 집의 소비' 문서를 연 후 합계와 비율을 구해 보세요.

- 합계(C10셀) : 금액(C5:C9셀 범위)의 합계
- 비율(D5:D9셀 범위) : 금액 / 합계(C10셀)

Chapter 14 실험도구 구입량 알아보기

👆 합계를 사용하는 방법에 대해 알아보겠습니다.
👆 함수 마법사를 사용하는 방법에 대해 알아보겠습니다.

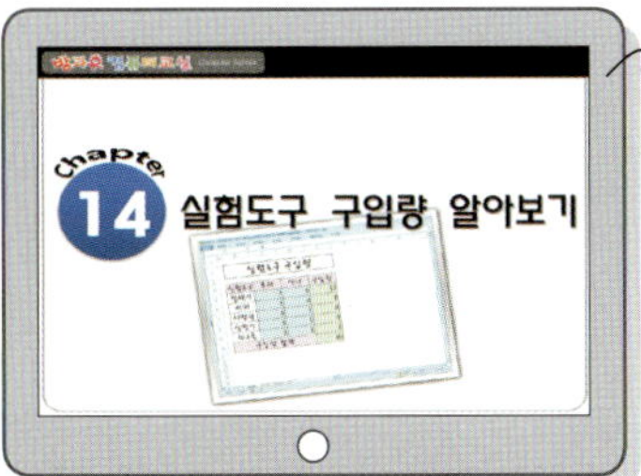

먼저 공부 할 내용
한셀 2010.show(Chapter14)

완성작품 미리보기

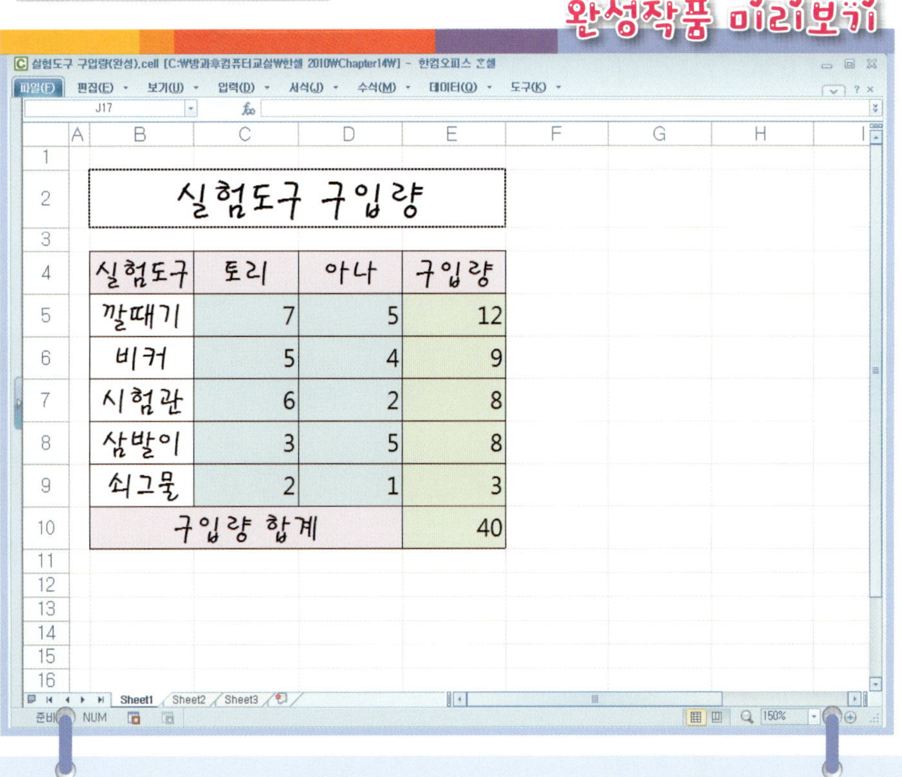

실험은 일정한 조건을 인위적으로 설정하여 어떤 현상이 일어나는지 조사하는 것을 말합니다. 자연과학에서 실험은 없어서는 안 되는 연구 수단인데요. 그럼 실험도구를 얼마나 구입해야 하는지 합계와 함수 마법사를 사용하면서 알아볼까요?

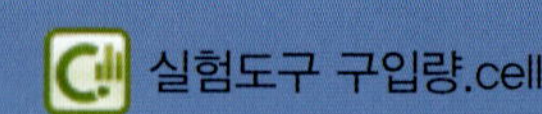

구입량 구하기

1. '실험도구 구입량' 문서를 연 후 E5셀을 선택한 다음 [수식] 탭–[함수] 그룹에서 [합계]를 클릭

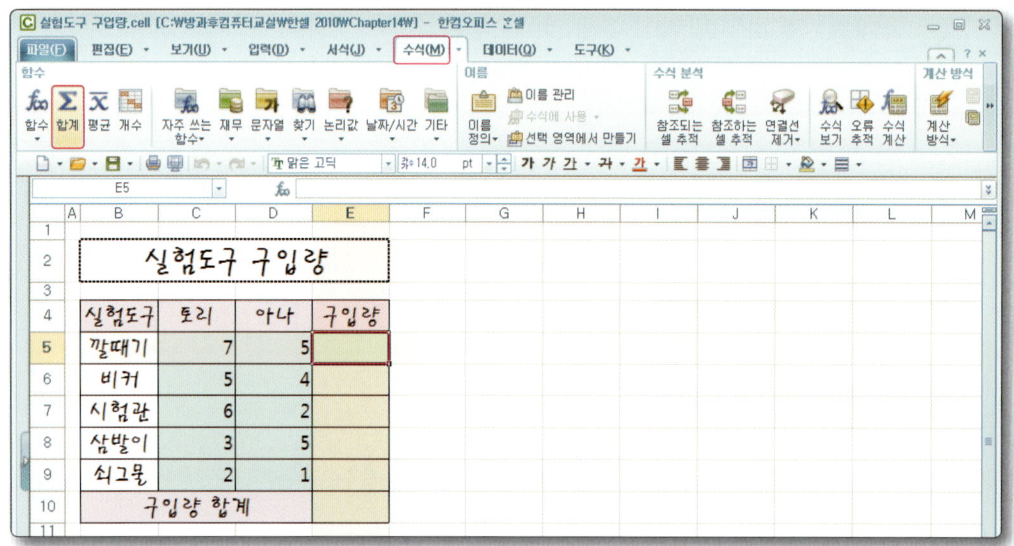

2. E5셀에 '=SUM(C5:D5)'가 나타나면 Enter를 누름

3. E5셀을 선택한 후 자동 채우기 핸들을 E9셀까지 드래그

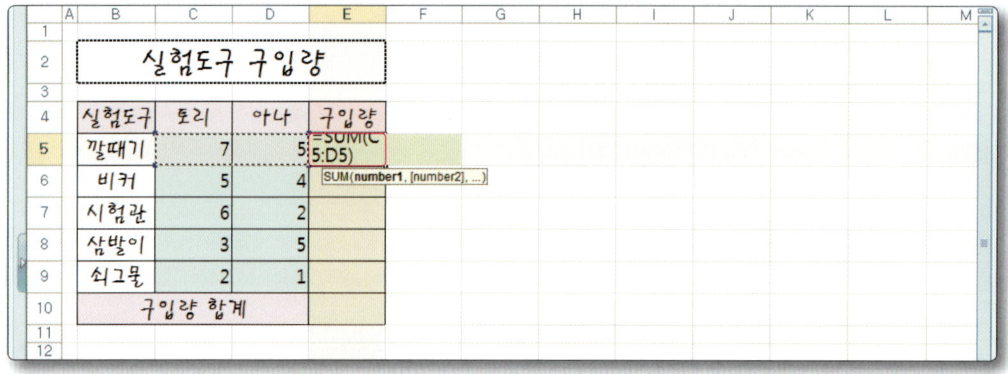

구입량 합계 구하기

4. E10셀을 선택한 후 [수식] 탭-[함수] 그룹에서 [함수]를 클릭

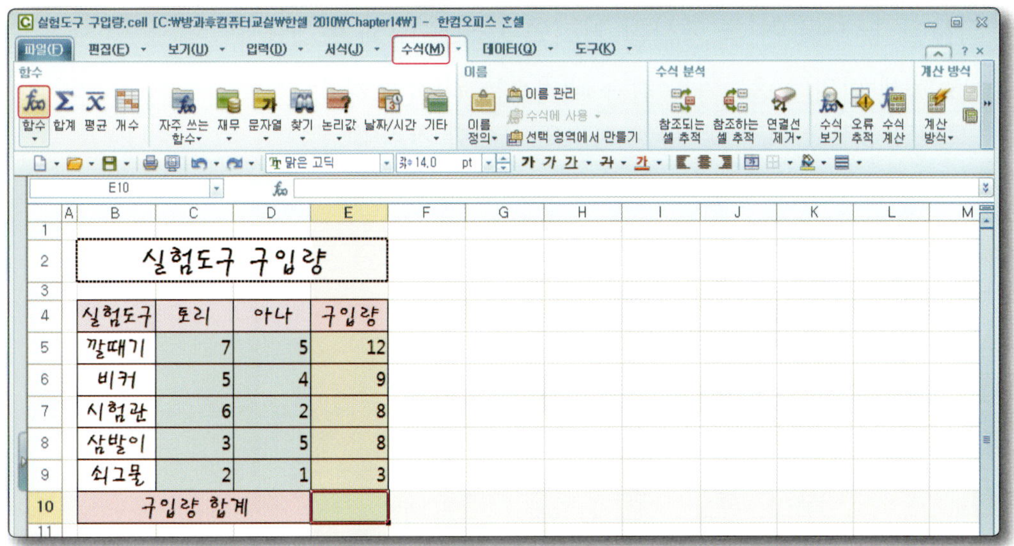

5. [함수 마법사] 대화상자가 나타나면 함수 분류(수학)를 선택한 후 함수 이름(SUM)을 선택한 다음 [확인] 단추를 클릭

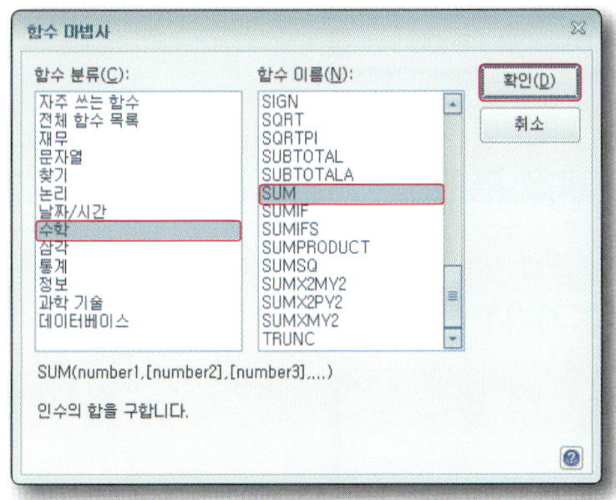

6. [함수 인수] 대화상자가 나타나면 number1(E5:E9)을 입력한 후 [확인] 단추를 클릭

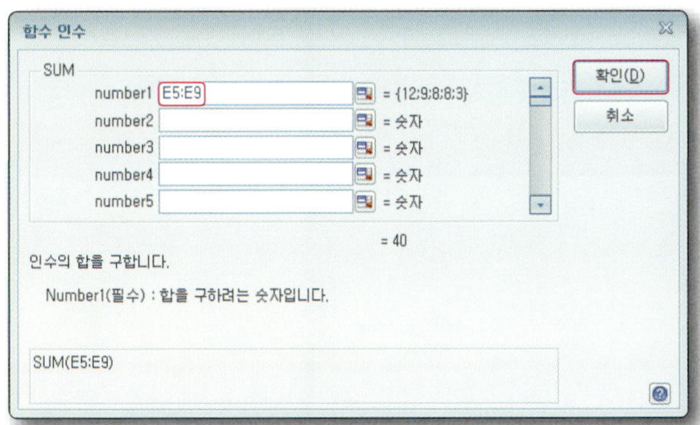

7. 구입량 합계가 구해진 것을 확인

1 다음과 같이 '등산길' 문서를 연 후 등산한 거리와 차이를 구해 보세요.

- 등산한 거리(E5:E6셀 범위) : 올라가는 길 + 내려오는 길(합계 사용)
- 차이(E7셀) : 토리의 등산한 거리(E5셀) − 아나의 등산한 거리(E6셀)

등산객	올라가는 길	내려오는 길	등산한 거리
토리	1,930	2,340	4,270
아나	1,510	1,600	3,110
차이			1,160

2 다음과 같이 '학용품 구입액' 문서를 연 후 금액과 총금액을 구해 보세요.

- 금액(E5:E9셀 범위) : 수량 * 단가
- 총금액(E10셀) : 금액(E5:E9셀 범위)의 합계(함수 마법사 사용)

학용품	수량	단가	금액
연필	10	400	4,000
지우개	2	130	260
자	3	220	660
가위	1	470	470
칼	2	410	820
총금액			6,210

3 다음과 같이 '어린이 독서량' 문서를 연 후 평균을 구해 보세요.

• 평균(C11셀) : 독서량(C5:C10셀 범위)의 평균(평균 사용)

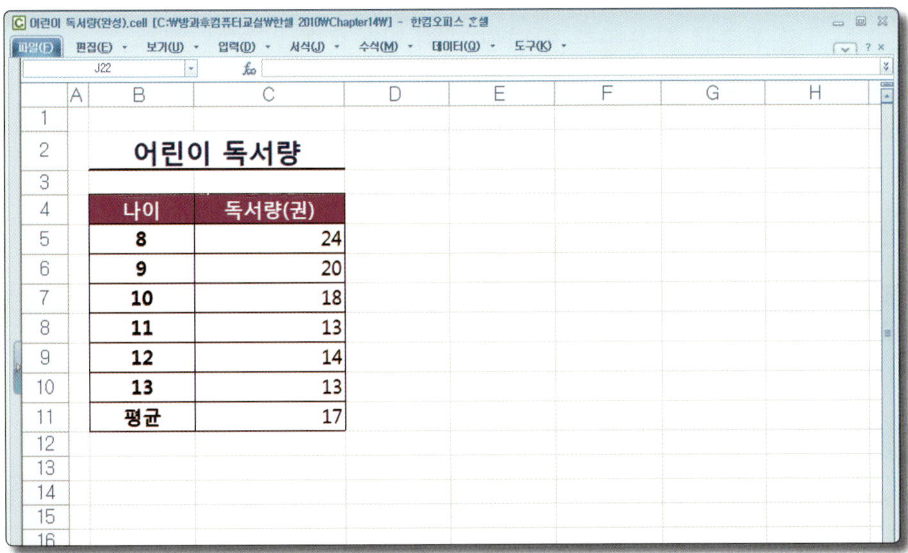

힌트

> C11셀을 선택한 후 [수식] 탭–[함수] 그룹에서 [평균]을 클릭하면 평균을 구할 수 있습니다.

4 다음과 같이 '추천 과학 도서' 문서를 연 후 평균을 구해 보세요.

• 평균(C10셀) : 가격(C5:C9셀 범위)의 평균(평균 사용)

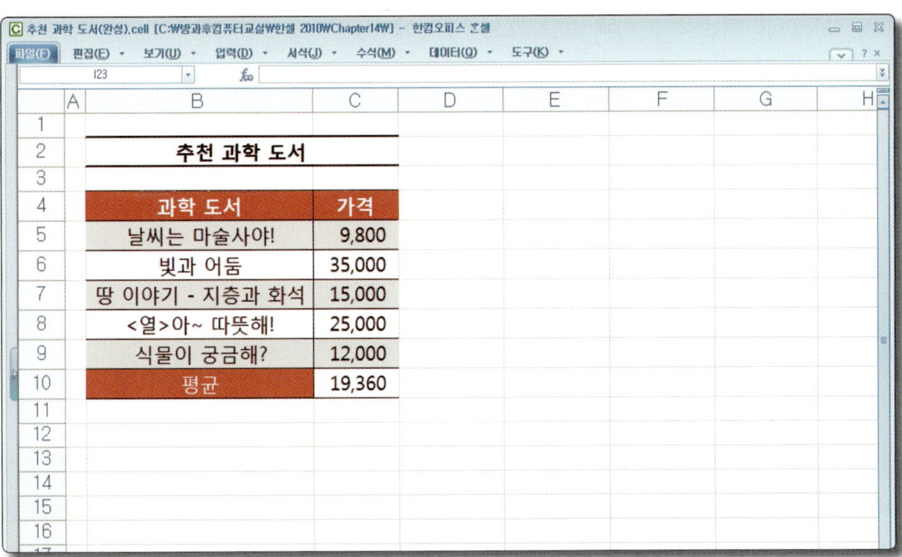

Chapter 15 짝수인지 홀수인지 알아보기

- 문자열 함수를 사용하는 방법에 대해 알아보겠습니다.
- 수학 함수를 사용하는 방법에 대해 알아보겠습니다.
- 논리 함수를 사용하는 방법에 대해 알아보겠습니다.

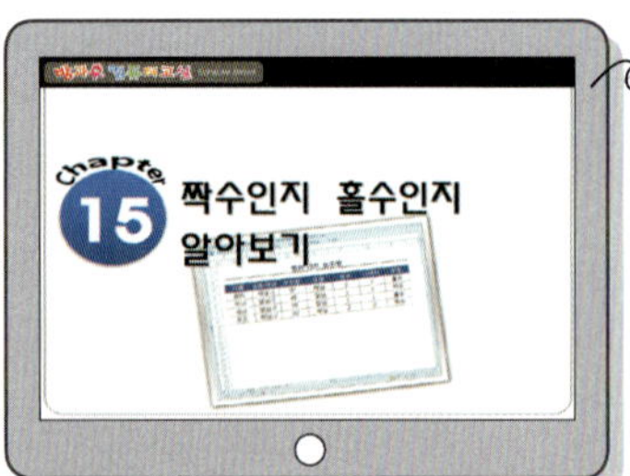

완성작품 미리보기

영어 카드 보유량(완성).cell [C:₩방과후컴퓨터교실₩한셀 2010₩Chapter15₩] - 한컴오피스 훈셀

파일(F) 편집(E) 보기(U) 입력(D) 서식(J) 수식(M) 데이터(Q) 도구(K)

영어 카드 보유량

이름	모듬-번호	보유량	모듬	번호	나머지	판정
토리	해님-1	97	해님	1	1	홀수
아나	달님-1	48	달님	1	0	짝수
세서	달님-2	59	달님	2	1	홀수
우즈	해님-2	62	해님	2	0	짝수

짝수와 홀수는 2의 배수인지 아닌지로 판정할 수 있지만 2로 나눈 나머지가 0 인지 아닌지로도 판정할 수 있습니다. 2로 나눈 나머지가 0이면 짝수이고, 0이 아니면 홀수인데요. 그럼 누가 영어 카드를 짝수 개로 갖고 있는지 문자열 함수, 수학 함수, 논리 함수를 사용하면서 알아볼까요?

모듬과 번호 구하기

1. '영어 카드 보유량' 문서를 연 후 E5셀에 '=LEFT(C5,2)'를 입력

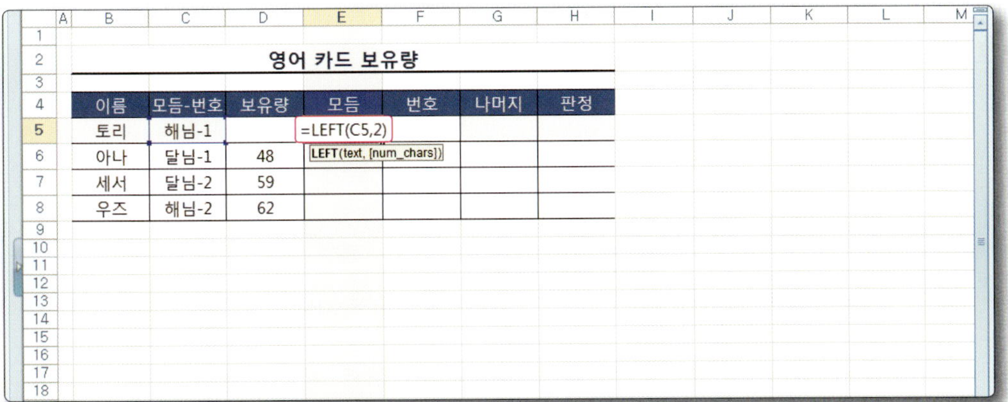

2. F5셀에 '=RIGHT(C5,1)'을 입력

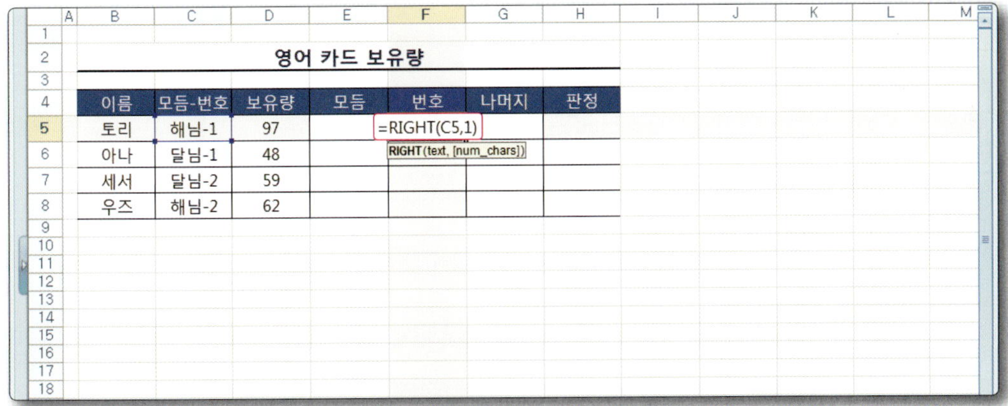

3. E5:F5셀 범위를 선택한 후 자동 채우기 핸들을 F8셀까지 드래그

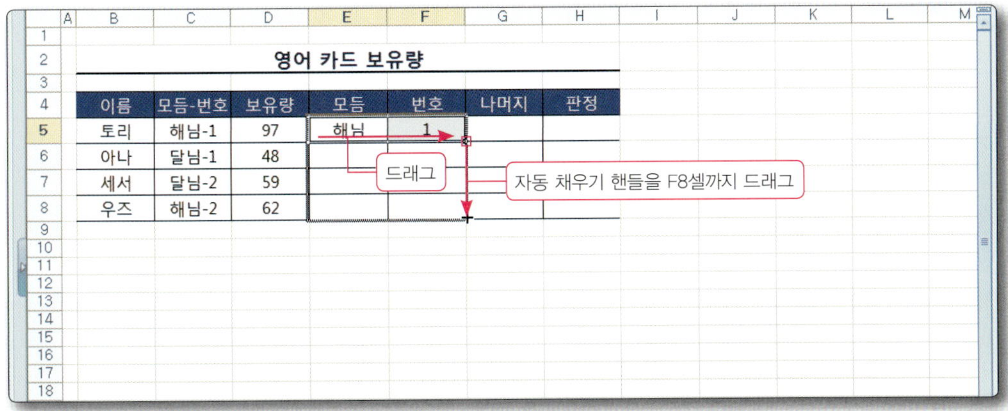

나머지 구하기

4. G5셀에 '=MOD(D5,2)'를 입력

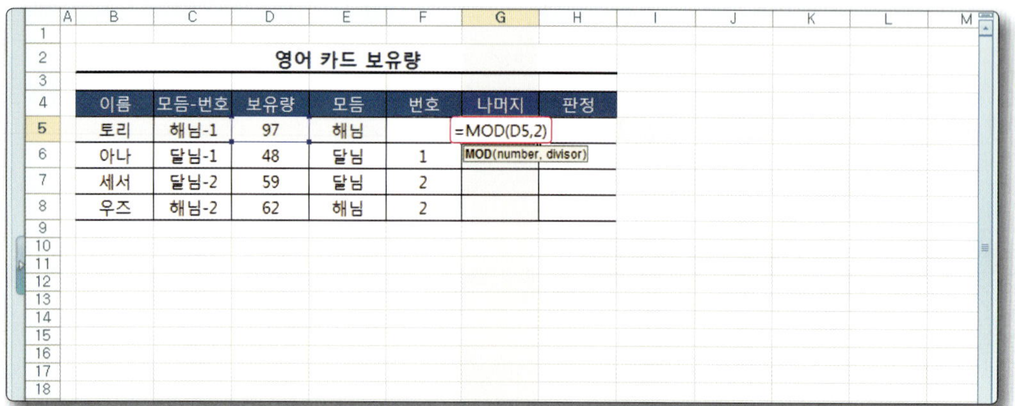

5. G5셀을 선택한 후 자동 채우기 핸들을 G8셀까지 드래그

판정 구하기

6. H5셀에 '=IF(G5=0,"짝수","홀수")'를 입력

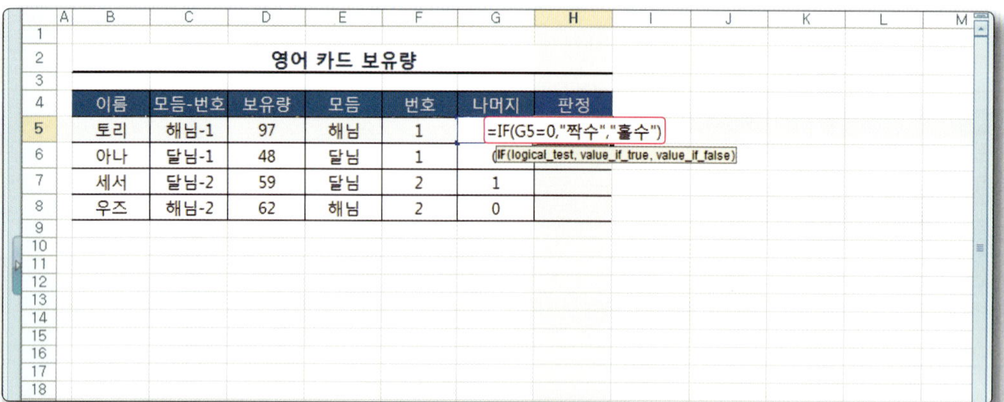

7. H5셀을 선택한 후 자동 채우기 핸들을 H8셀까지 드래그

8. 판정이 구해진 것을 확인

1 다음과 같이 '4의 배수' 문서를 연 후 나머지와 판정을 구해 보세요.

- 나머지(C5:C8셀 범위) : 값을 4로 나눈 나머지(MOD 함수 사용)
- 판정(D5:D8셀 범위) : 나머지가 0이면 '맞음'을 표시하고, 그렇지 않으면 '틀림'을 표시(IF 함수 사용)

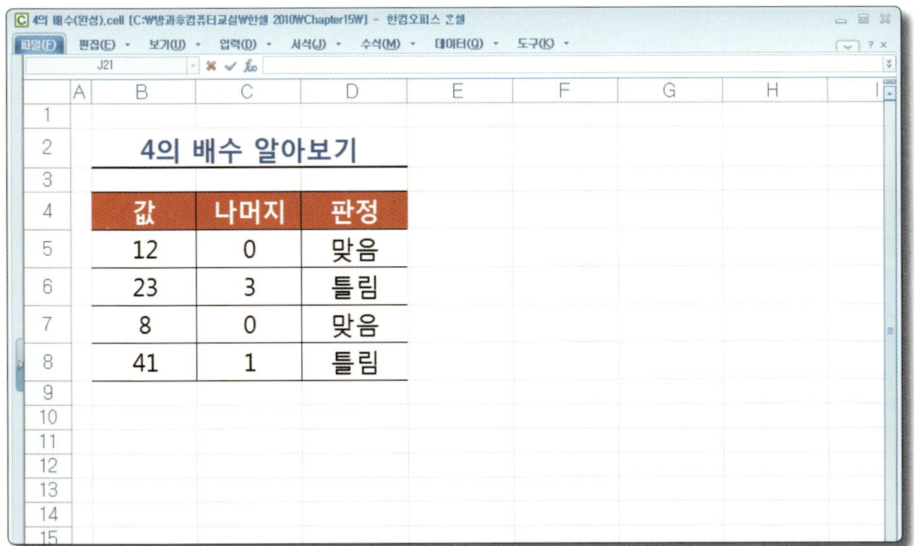

값	나머지	판정
12	0	맞음
23	3	틀림
8	0	맞음
41	1	틀림

2 다음과 같이 '사파리 카드 보유량' 문서를 연 후 카드명과 번호를 구해 보세요.

- 카드명(E5:E8셀 범위) : 카드명-번호에서 왼쪽부터 두 문자(LEFT 함수 사용)
- 번호(F5:F8셀 범위) : 카드명-번호에서 오른쪽부터 두 문자(RIGHT 함수 사용)

이름	카드명-번호	보유량	카드명	번호
토리	RX-01	15	RX	01
아나	RX-23	20	RX	23
세서	BX-19	19	BX	19
우즈	MX-52	12	MX	52

❸ 다음과 같이 '타자 고수는' 문서를 연 후 평균, 최대 타수, 최소 타수를 구해 보세요.

- 평균(G6:G9셀 범위) : 1회, 2회, 3회의 평균(AVERAGE 함수 사용)
- 최대 타수(G10셀) : 평균(G6:G9셀 범위)에서 최댓값(MAX 함수 사용)
- 최소 타수(G11셀) : 평균(G6:G9셀 범위)에서 최솟값(MIN 함수 사용)

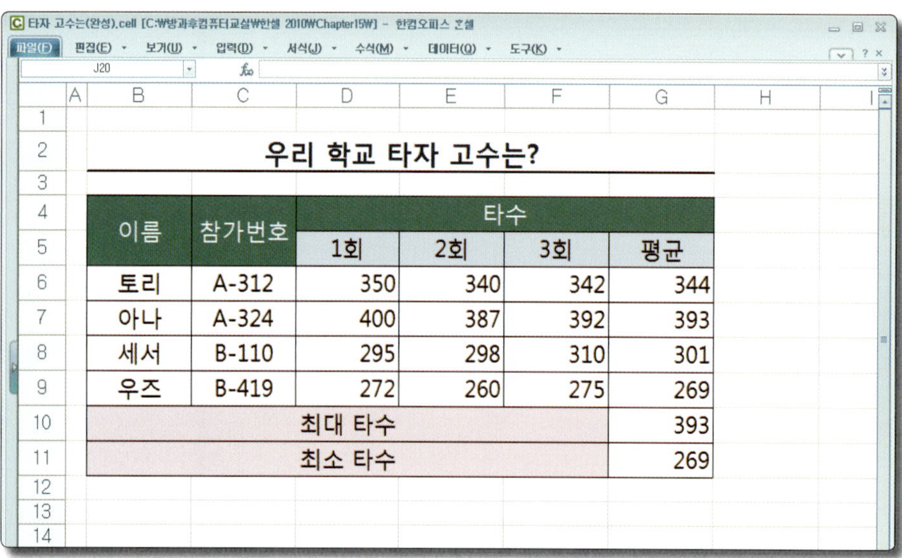

이름	참가번호	타수			
		1회	2회	3회	평균
토리	A-312	350	340	342	344
아나	A-324	400	387	392	393
세서	B-110	295	298	310	301
우즈	B-419	272	260	275	269
최대 타수					393
최소 타수					269

❹ 다음과 같이 '과학 경진 대회' 문서를 연 후 합계, 최대 합계, 최소 합계를 구해 보세요.

- 합계(F5:F8셀 범위) : 과학 상식과 과학 실험의 합계(SUM 함수 사용)
- 최대 합계(F9셀) : 합계(F5:F8셀 범위)에서 최댓값(MAX 함수 사용)
- 최소 합계(F10셀) : 합계(F5:F8셀 범위)에서 최솟값(MIN 함수 사용)

제3회 과학 경진 대회

참가번호	이름	과학 상식	과학 실험	합계
A423	토리	70	90	160
C124	아나	70	80	150
A431	세서	95	90	185
B109	우즈	80	60	140
최대 합계				185
최소 합계				140

01 다음 ☐ 안에 들어갈 말은 무엇인지 쓰시오.

> 클립아트에서 가장 어두운 영역과 가장 밝은 영역 간의 차이를 ☐(이)라고 합니다.

02 많이 쓰는 클립아트를 미리 만들어 등록해 놓고 필요할 때마다 등록된 클립아트를 가져다가 사용할 수 있는 것은 어느 것입니까?

① 도형

② 워드숍

③ 그림

④ 그리기마당

03 다음 중 수식에 대한 설명으로 옳지 않은 것은 어느 것입니까?

① 등호(=)는 다음 내용이 수식이라는 것을 나타내는 기호입니다.

② 함수는 수식에 직접 입력하는 문자나 숫자입니다.

③ 연산자는 계산의 종류를 나타내는 기호입니다.

④ 참조는 셀 주소를 사용하여 셀 값을 가져오는 것을 말합니다.

04 다음 중 워크시트에 수식을 나타내는 키는 어느 것입니까?

① Ctrl+~

② Shift+~

③ Alt+~

④ Tab+~

05 다음 중 함수에 대한 설명으로 옳은 것은 어느 것입니까?

① SUM : 합계를 구합니다.

② COUNT : 평균을 구합니다.

③ MAX : 가장 작은 값을 구합니다.

④ MIN : 가장 큰 값을 구합니다.

06 A1셀에 입력되어 있는 데이터는 '7'입니다. 다음 중 수식 '=SUM(A1,5)'의 결과값은 어느 것입니까?

① 4

② 8

③ 12

④ 16

07 다음 중 그림을 삽입할 수 있는 명령은 어느 것입니까?

① ②

③ ④

08 다음 중 개체를 복사하려면 어떤 키를 누른 상태에서 개체를 드래그해야 하는지 고르시오.

① Ctrl

② Shift

③ Alt

④ Tab

▶ 정답은 120페이지에 있습니다.

09 다음과 같이 '저축 수단' 문서를 연 후 문서를 꾸며 보세요.

- 도형 삽입 : ◯[타원]
- 채우기 : 채우기 효과(그러데이션(두 색, 색 적용 1(멜론색), 색 적용 2(멜론색 60% 밝게), 유형(▥), 적용(▥))
- 내용 입력 : 글꼴(휴먼엑스포), 글꼴 크기(48), 글자 색(하양), ▤[가운데(가로)], ▤[가운데(세로)]
- 그림자 : ▢[그림자 모양 14]

10 다음과 같이 '2월 결산서' 문서를 연 후 문서를 꾸며 보세요.

- 수입 합계(C9셀) : 수입 금액(C5:C8셀 범위)의 합계(SUM 함수 사용)
- 지출 합계(E9셀) : 지출 금액(E5:E8셀 범위)의 합계(SUM 함수 사용)
- 남은 돈(E11셀) : 수입 합계(C9셀) − 지출 합계(E9셀)

수입 내용	수입 금액	지출 내용	지출 금액
지난 달 남은 돈	5,000	저축	10,000
세뱃돈	30,000	기부금	5,000
삼촌 용돈	20,000	간식	2,000
이모 용돈	10,000	장난감	35,000
수입 합계	65,000	지출 합계	52,000
		남은 돈	13,000

Chapter 17

SNS 이용 현황 알아보기

✌ 이름을 정의하는 방법에 대해 알아보겠습니다.
✌ 데이터 유효성 검사를 설정하는 방법에 대해 알아보겠습니다.

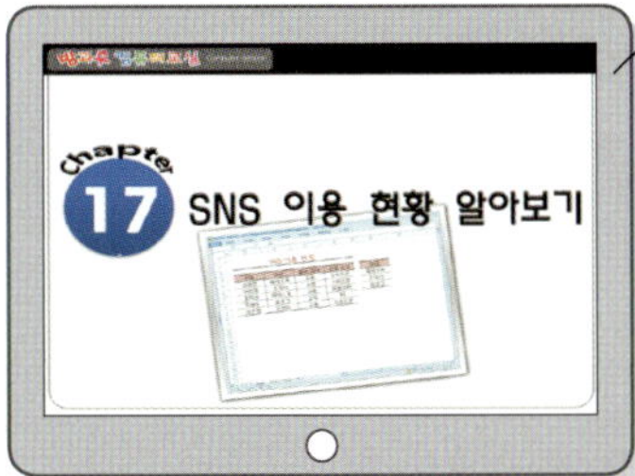

완성작품 미리보기

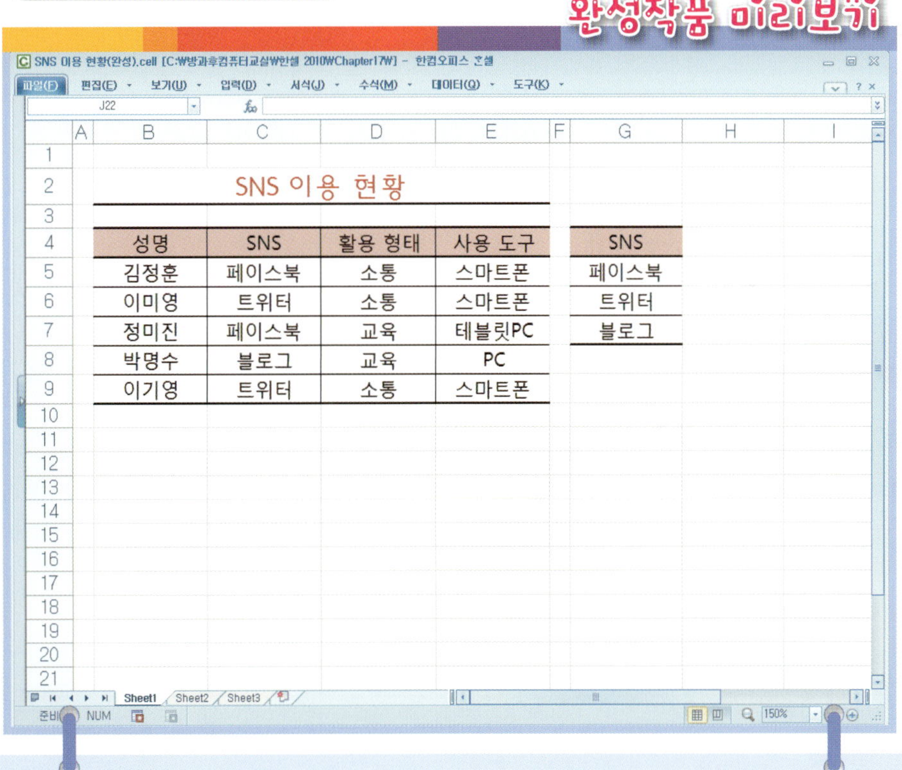

성명	SNS	활용 형태	사용 도구		SNS
		SNS 이용 현황			
김정훈	페이스북	소통	스마트폰		페이스북
이미영	트위터	소통	스마트폰		트위터
정미진	페이스북	교육	테블릿PC		블로그
박명수	블로그	교육	PC		
이기영	트위터	소통	스마트폰		

SNS는 특정한 관심이나 활동을 공유하는 사람들 사이의 관계망을 구축해 주는 온라인 서비스입니다. SNS에는 페이스북, 트위터, 블로그 등이 있는데요. 그럼 SNS 이용 현황을 이름을 정의한 후 데이터 유효성 검사를 설정하면서 알아 볼까요?

이름 정의하기

1. 'SNS 이용 현황' 문서를 연 후 G5:G7셀 범위를 선택한 다음 [수식] 탭−[이름] 그룹에서 [이름 정의]를 클릭

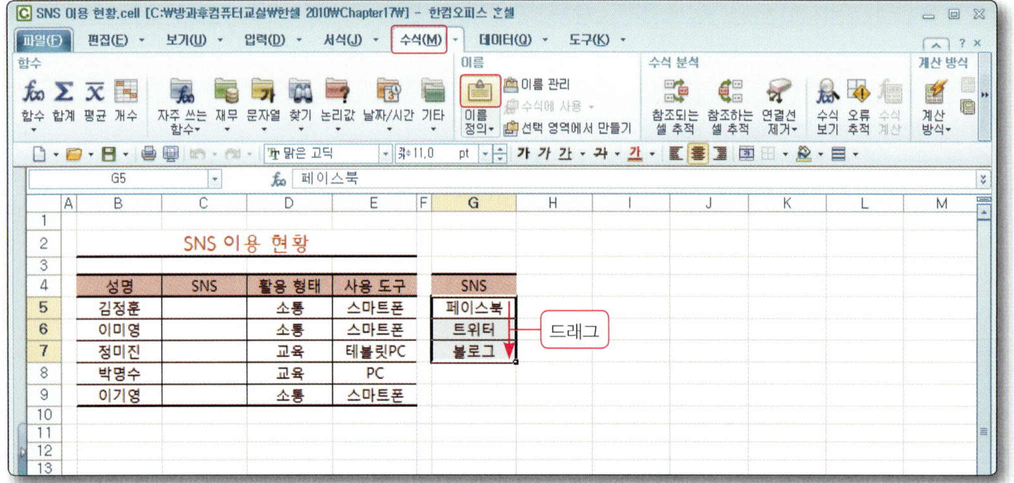

2. [이름 정의] 대화상자가 나타나면 이름(SNS)을 입력한 후 [확인] 단추를 클릭

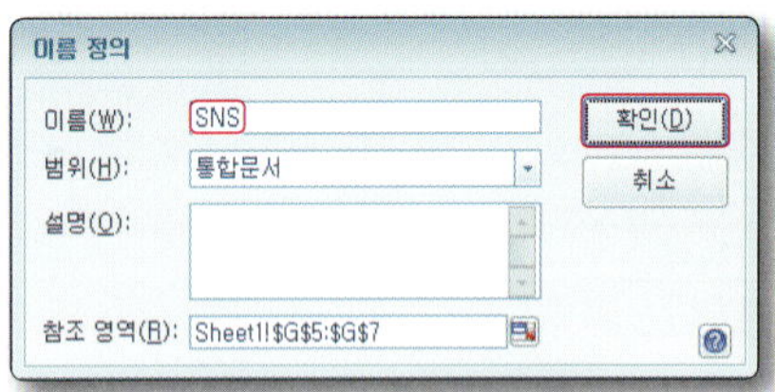

데이터 유효성 검사 설정하기

3. C5:C9셀 범위를 선택한 후 [데이터] 탭−[데이터 도구] 그룹에서 [유효성 검사]를 클릭

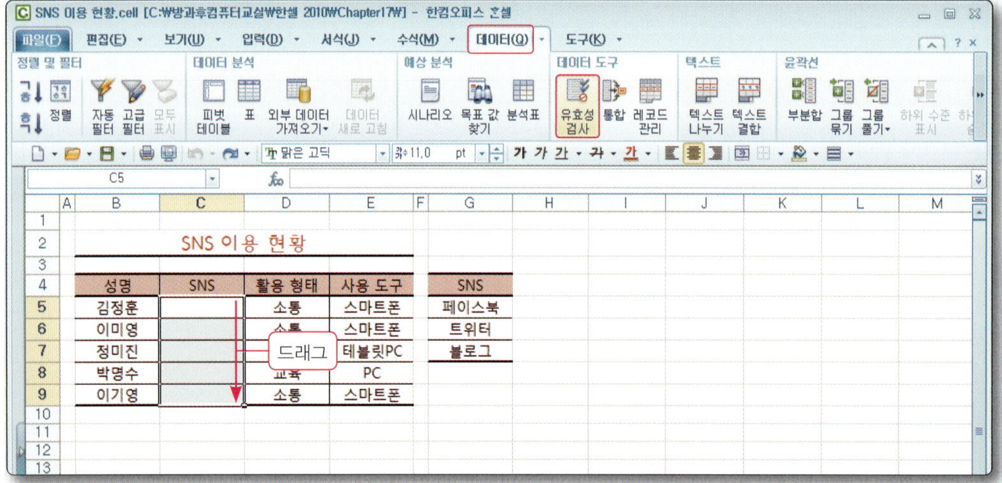

4. [데이터 유효성 검사] 대화상자가 나타나면 [설정] 탭에서 제한 대상(목록)을 선택한 후 원본(=SNS)을 입력한 다음 [설정] 단추를 클릭

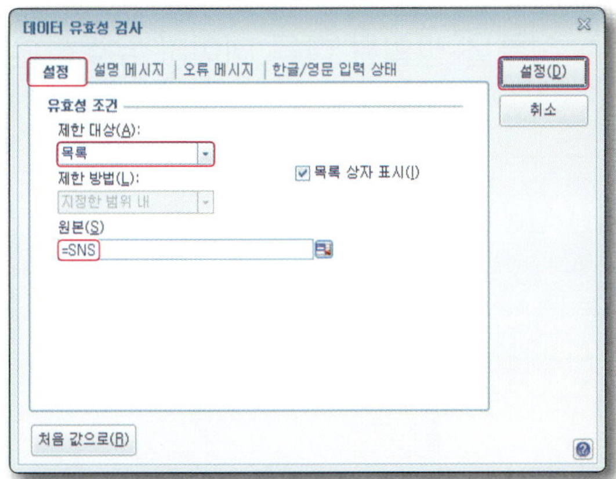

SNS 입력하기

5. C5셀을 선택한 후 데이터 유효성 검사의 ▼[목록] 단추를 클릭한 다음 '페이스북'을 클릭

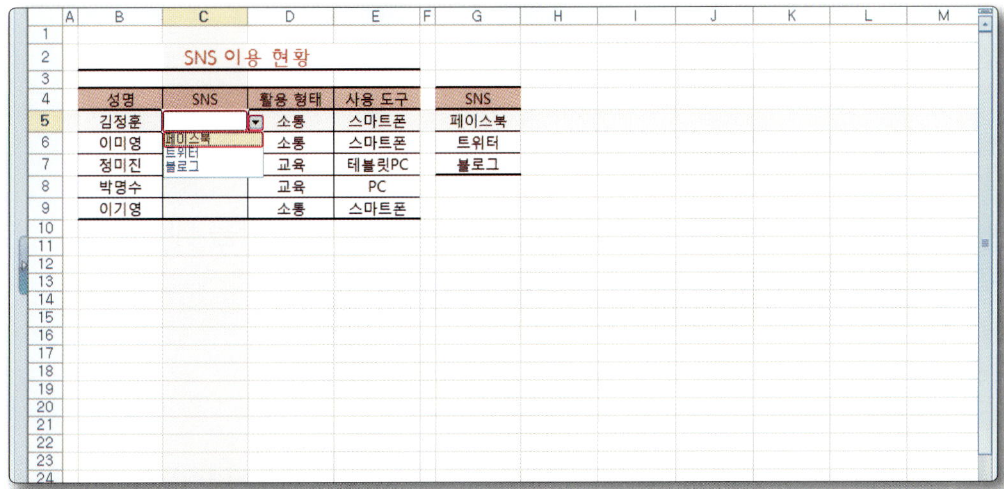

6. 같은 방법으로 SNS을 입력

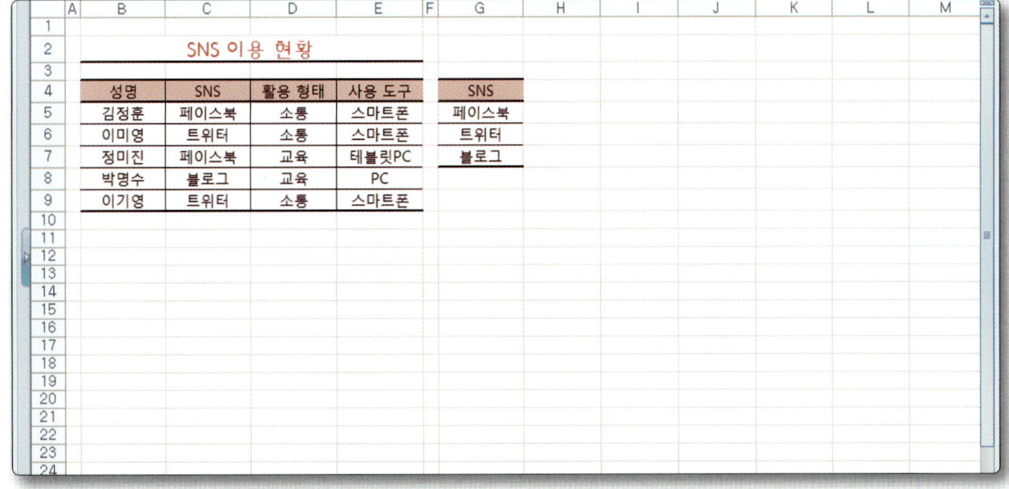

1 다음과 같이 '토이나라 제품관리 현황' 문서를 연 후 이름을 정의한 다음 데이터 유효성 검사를 설정하고 분류를 입력해 보세요.

- 이름 정의 : 이름(분류), 참조 영역(G5:G7셀 범위)
- 데이터 유효성 검사 : C5:C9셀 범위(제한 대상(목록), 원본(=분류))

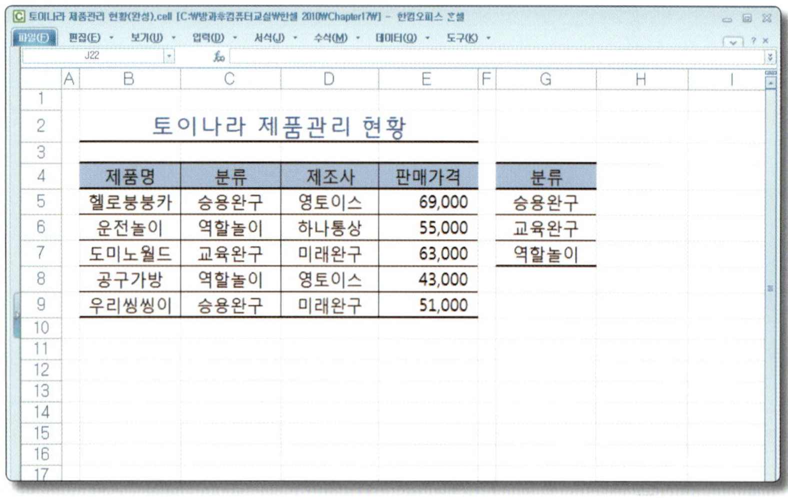

2 다음과 같이 '한가위 베스트 상품 현황' 문서를 연 후 이름을 정의한 다음 데이터 유효성 검사를 설정하고 생산지를 입력해 보세요.

- 이름 정의 : 이름(생산지), 참조 영역(G5:G7셀 범위)
- 데이터 유효성 검사 : C5:C9셀 범위(제한 대상(목록), 원본(=생산지))

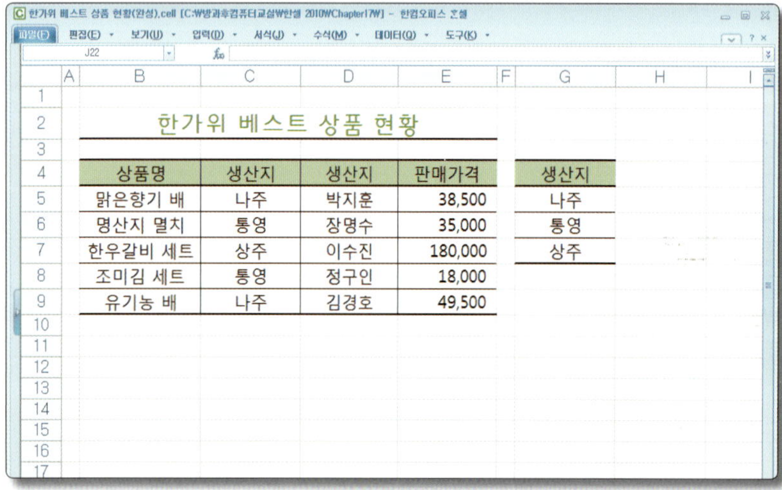

3 다음과 같이 '자판기 수입 현황' 문서를 연 후 이름을 정의한 다음 데이터 유효성 검사를 설정하고 모델명을 입력해 보세요.

- 이름 정의 : 이름(모델명), 참조 영역(G5:G6셀 범위)
- 데이터 유효성 검사 : D5:D9셀 범위(제한 대상(목록), 원본(=모델명))

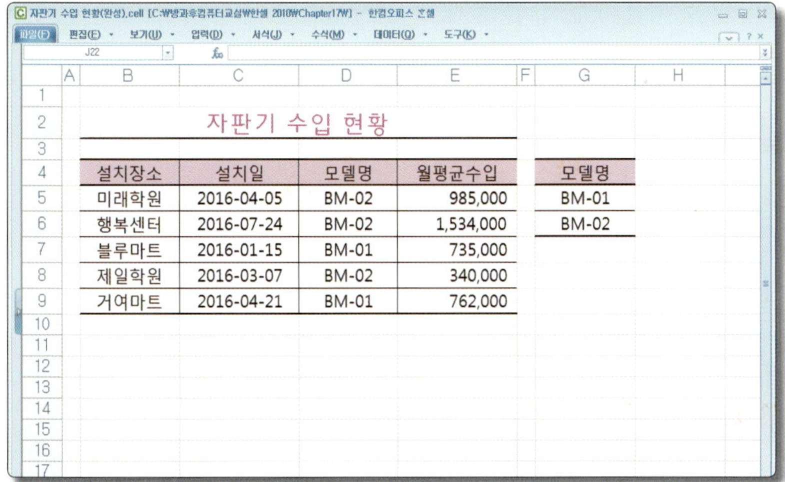

4 다음과 같이 '방문객 선물 증정자 명단' 문서를 연 후 이름을 정의한 다음 데이터 유효성 검사를 설정하고 선물을 입력해 보세요.

- 이름 정의 : 이름(선물), 참조 영역(G5:G6셀 범위)
- 데이터 유효성 검사 : D5:D9셀 범위(제한 대상(목록), 원본(=선물))

Chapter 18 용돈 사용 내역 한 눈에 알아보기

👆 차트를 삽입하는 방법에 대해 알아보겠습니다.
✌️ 차트 스타일을 적용하는 방법에 대해 알아보겠습니다.

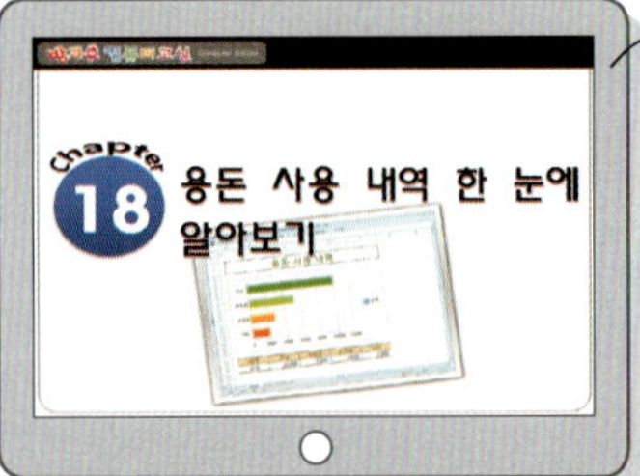

완성작품 미리보기

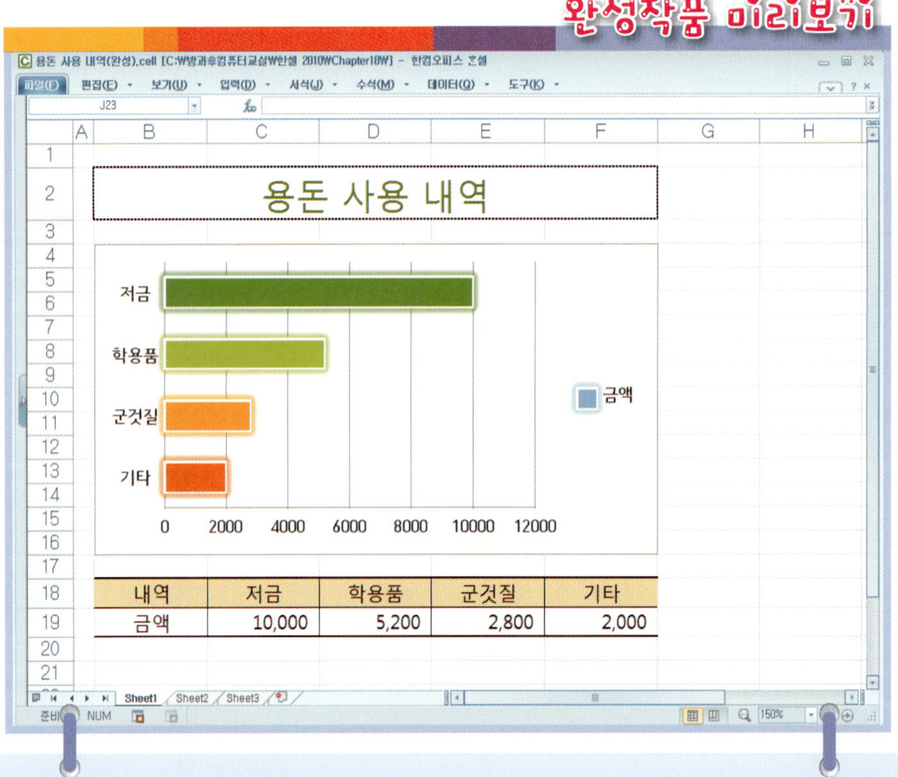

용돈은 개인이 자유롭게 쓸 수 있는 돈을 말합니다. 용돈 기입장을 적으면 계획에 따라 용돈을 사용하고 있는지 알 수 있어서 용돈을 관리할 수 있는데요. 그럼 용돈을 어디에 사용하였는지 차트를 삽입한 후 차트 스타일을 적용하면서 알아볼까요?

차트 삽입하기

1. '용돈 사용 내역' 문서를 연 후 B18:F19셀 범위를 선택한 다음 [입력] 탭-[차트] 그룹에서 [가로 막대형]을 클릭하고 📊[항목(X) 축 주 격자선 표시 묶은 가로 막대형]을 클릭

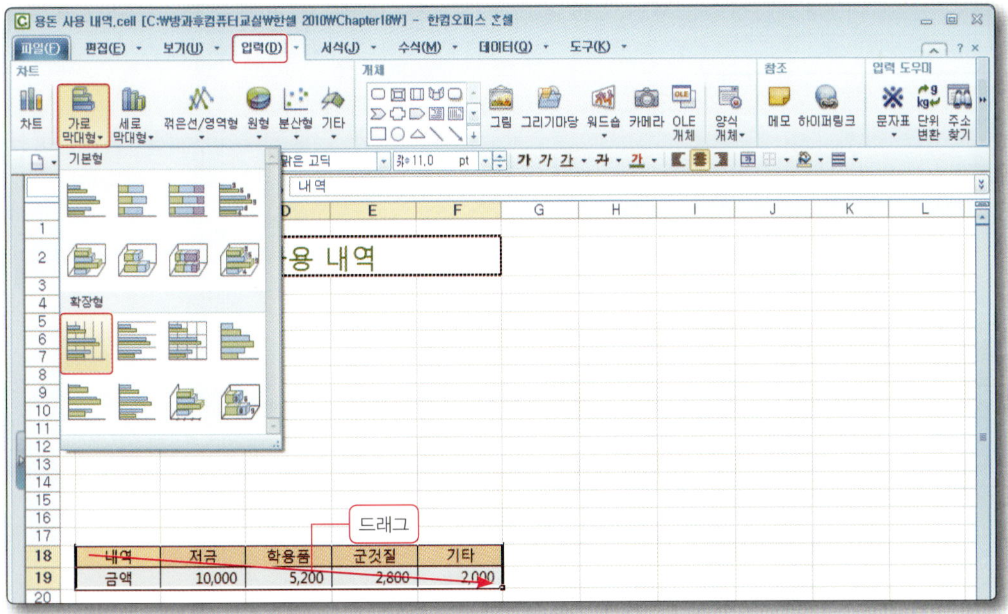

차트 이동하고 차트의 크기 조정하기

2. 차트를 선택한 후 드래그하여 이동시킨 다음 차트의 크기 조정 핸들(□)을 드래그하여 차트의 크기를 조정

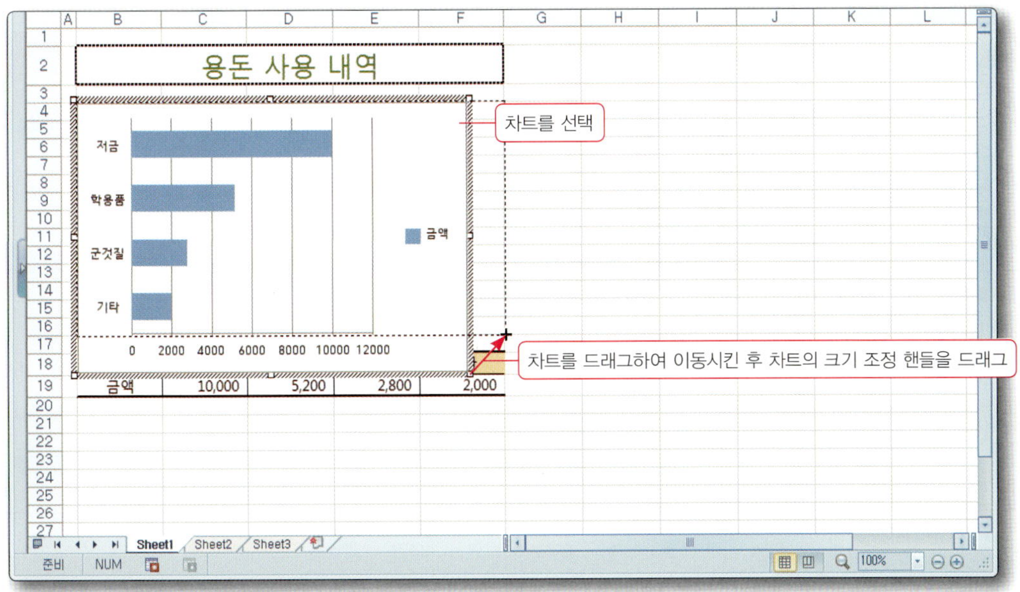

차트 스타일 적용하기

3. 차트를 선택한 후 [차트] 탭-[스타일] 그룹에서 ↓[자세히]를 클릭

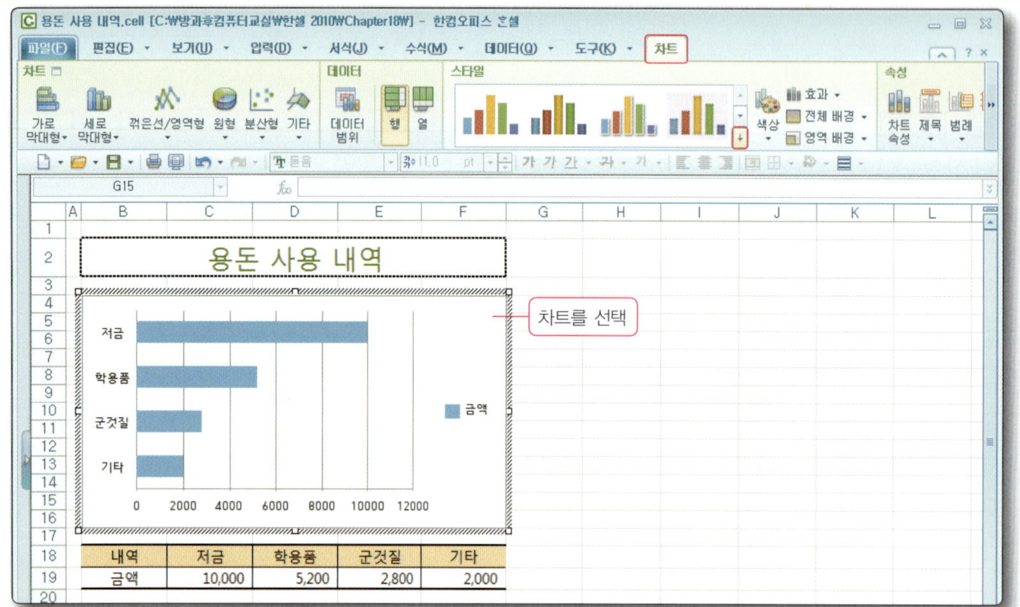

4. 차트 스타일 목록이 나타나면 📊[초록색/붉은색 혼합, 흰색 테두리, 그림자 모양]을 클릭

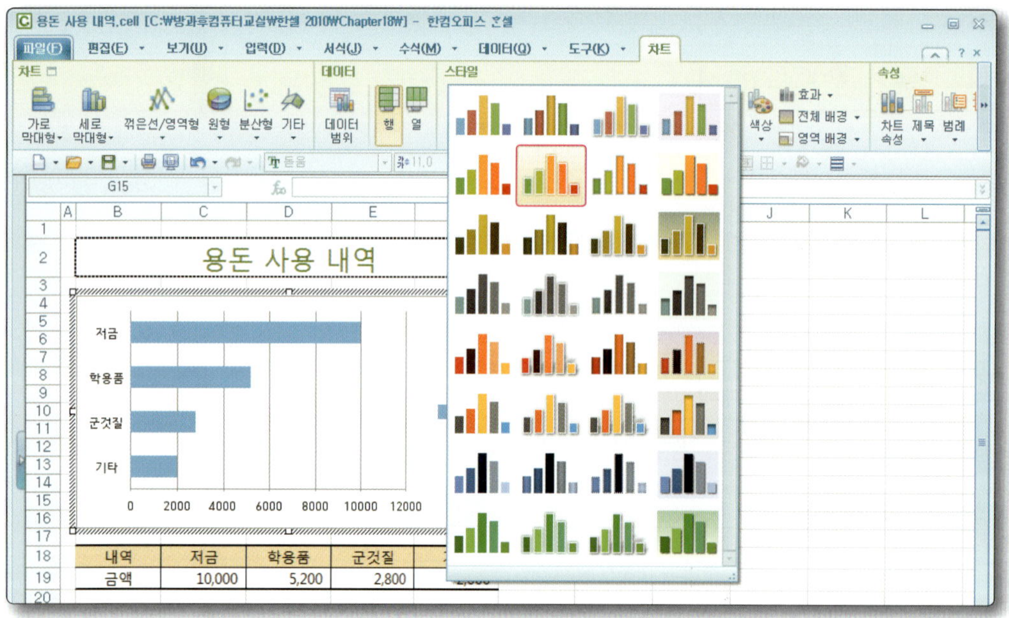

5. 차트 스타일이 적용된 것을 확인

1 다음과 같이 '좋아하는 과목' 문서를 연 후 차트를 삽입한 다음 차트 스타일을 적용해 보세요.

- 차트 데이터 범위 : [Sheet1] 시트의 D16:H17셀 범위
- 차트 종류 : [값(Y) 축 간격 좁게 표시 묶은 세로 막대형]
- 차트 스타일 : [초록색/붉은색 혼합, 흰색 테두리, 그림자 모양]

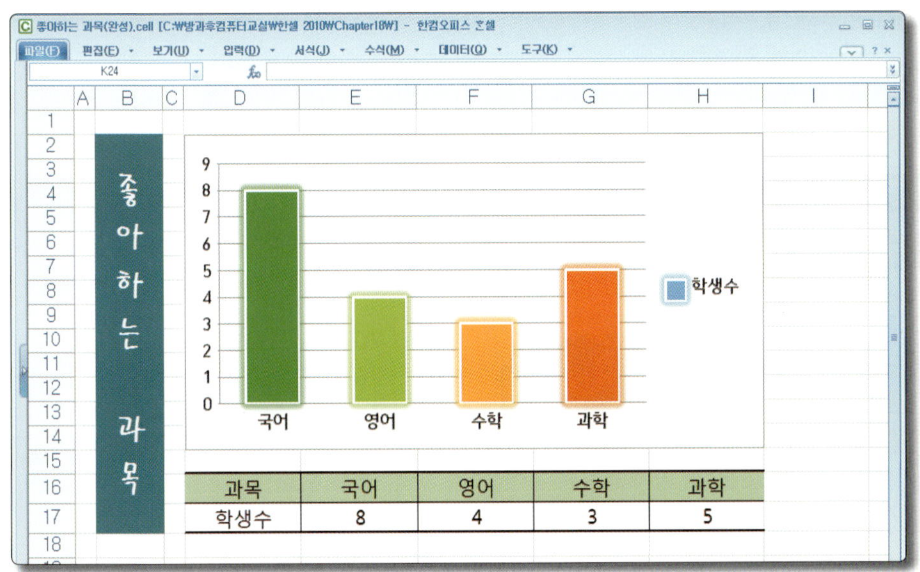

2 다음과 같이 '과일 판매량' 문서를 연 후 차트를 삽입한 다음 차트 스타일을 적용해 보세요.

- 차트 데이터 범위 : [Sheet1] 시트의 D2:J3셀 범위
- 차트 종류 : [자료점 이름표(값) 표시 쪼개진 원형]
- 차트 스타일 : [파스텔색, 수수깡 모양]

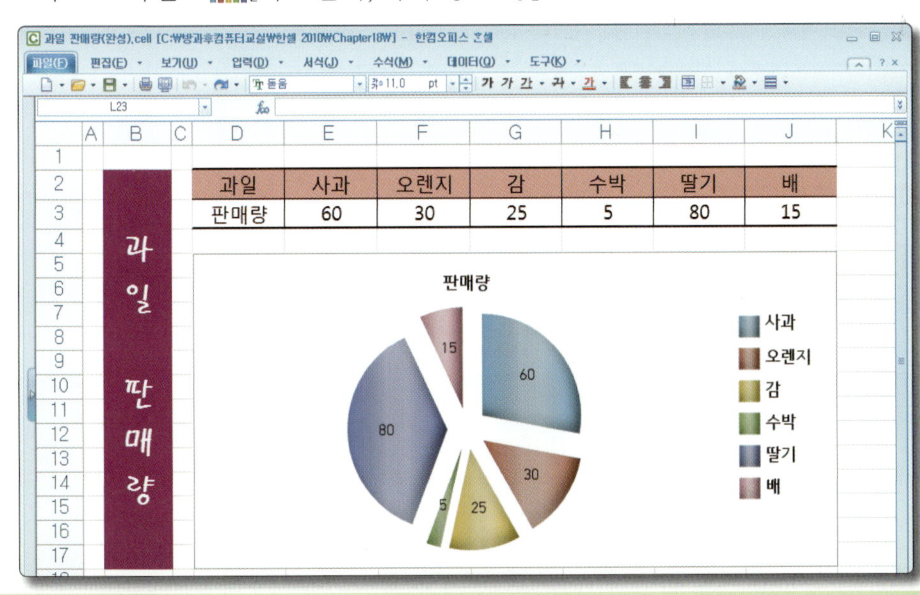

3 다음과 같이 '산업별 평균 소득' 문서를 연 후 차트를 삽입한 다음 차트 스타일을 적용해 보세요.

- 차트 데이터 범위 : [Sheet1] 시트의 B4:C7셀 범위
- 차트 종류 : [자료점 이름표(값) 안쪽 표시 3차원 설정 원형]
- 차트 스타일 : [파스텔색, 기본 모양]

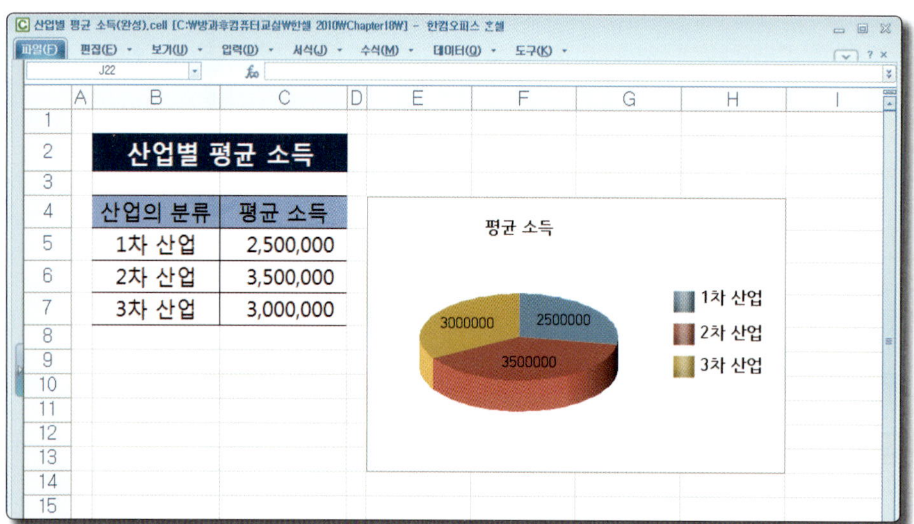

4 다음과 같이 '모둠별 소득 현황' 문서를 연 후 차트를 삽입한 다음 차트 스타일을 적용해 보세요.

- 차트 데이터 범위 : [Sheet1] 시트의 B4:D9셀 범위
- 차트 종류 : [항목(X) 축 주 격자선 표시 묶은 가로 막대형]
- 차트 스타일 : [파란색조, 그림자 모양, 연보라색 배경]

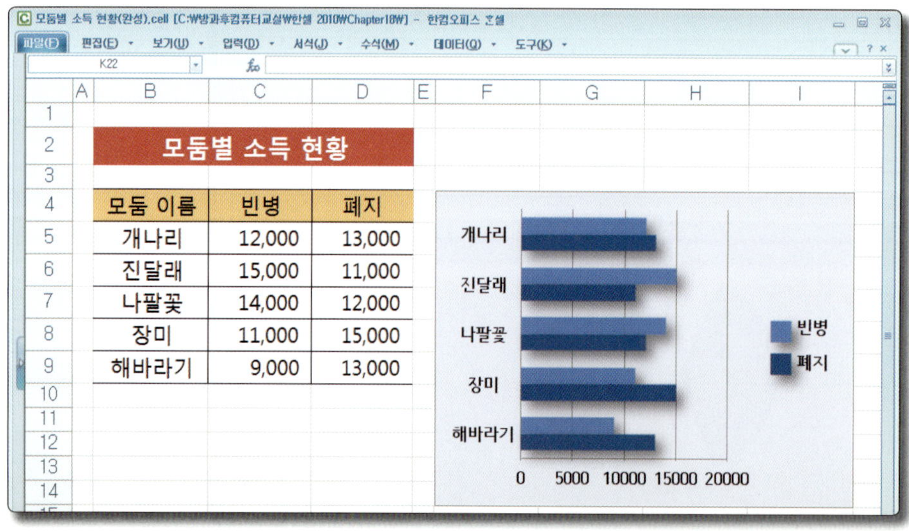

Chapter 19 우리 집의 온도 변화 알아보기

- 영역 배경을 설정하는 방법에 대해 알아보겠습니다.
- 범례의 위치를 변경하는 방법에 대해 알아보겠습니다.
- 자료점 이름표를 표시하는 방법에 대해 알아봅니다.

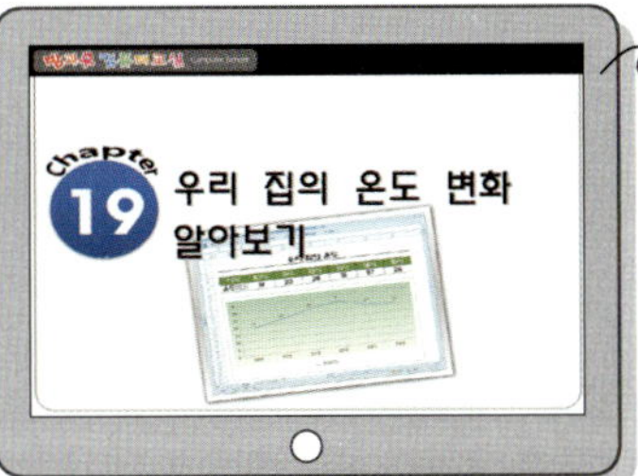

완성작품 미리보기

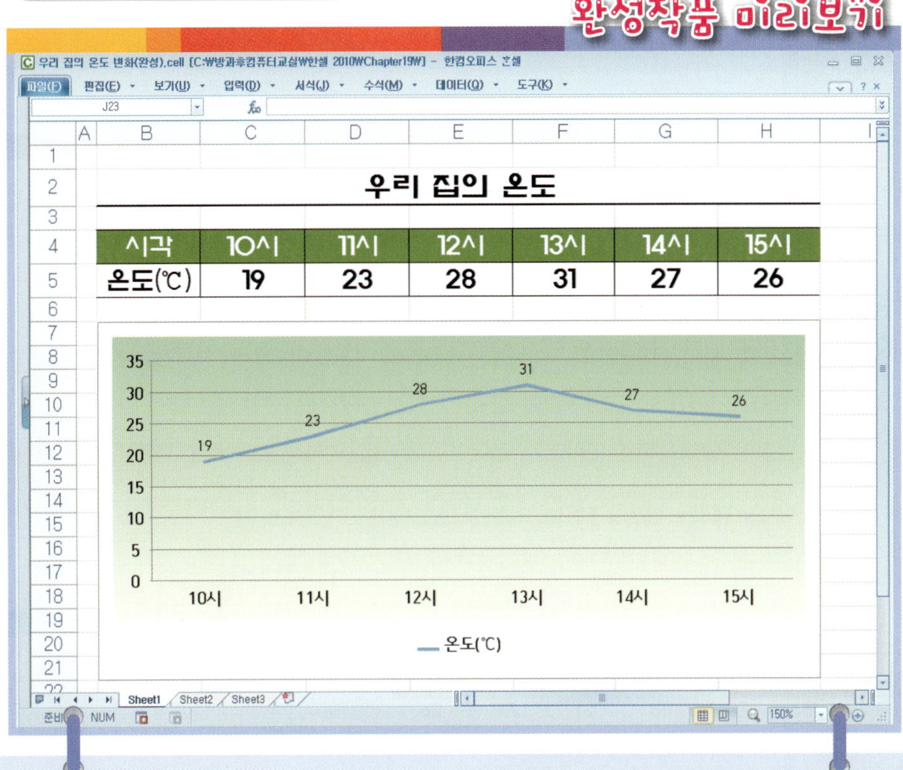

온도를 잴 때는 빨간 색 액체가 멈출 때까지 기다려야 하고, 온도계의 눈금을 읽을 때는 눈높이를 맞추어야 합니다. 그리고 무엇보다 손으로 온도계를 잡지 않고 고리에 실을 매달아 잡는 것이 중요한데요. 그럼 우리 집의 온도가 어떻게 변해 가는지 영역 배경을 설정한 후 범례의 위치를 변경한 다음 자료점 이름표를 표시하면서 알아볼까요?

영역 배경 설정하기

1. '우리 집의 온도 변화' 문서를 연 후 차트를 선택한 다음 [차트] 탭–[스타일] 그룹에서 [영역 배경]을 클릭하고 █[영역 배경 – 연두색/노란색 그러데이션]을 클릭

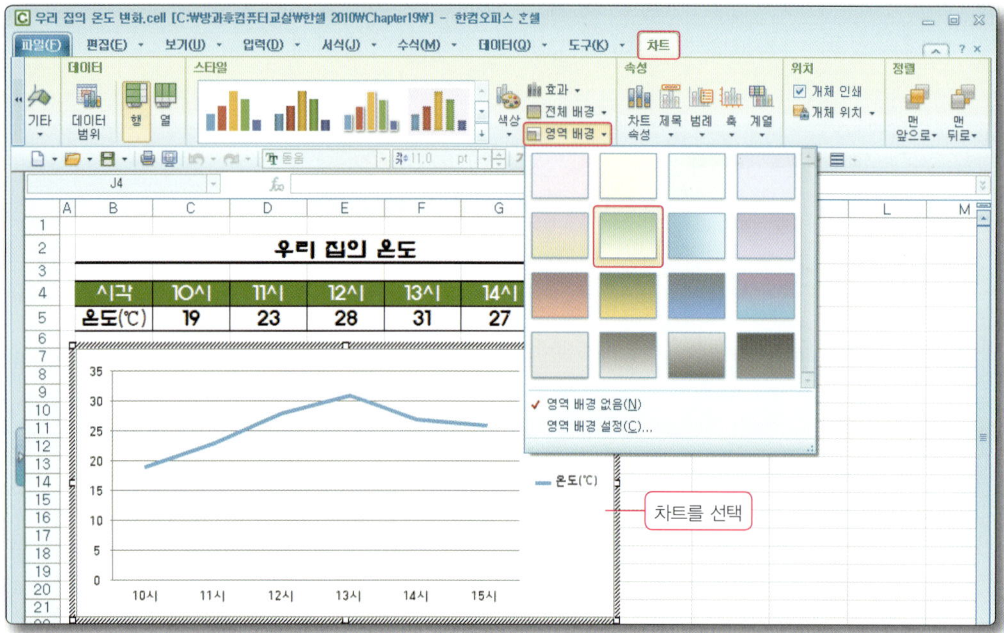

범례의 위치 변경하기

2. [차트] 탭–[속성] 그룹에서 [범례]의 ▾[목록] 단추를 클릭한 후 [아래쪽 표시]를 클릭

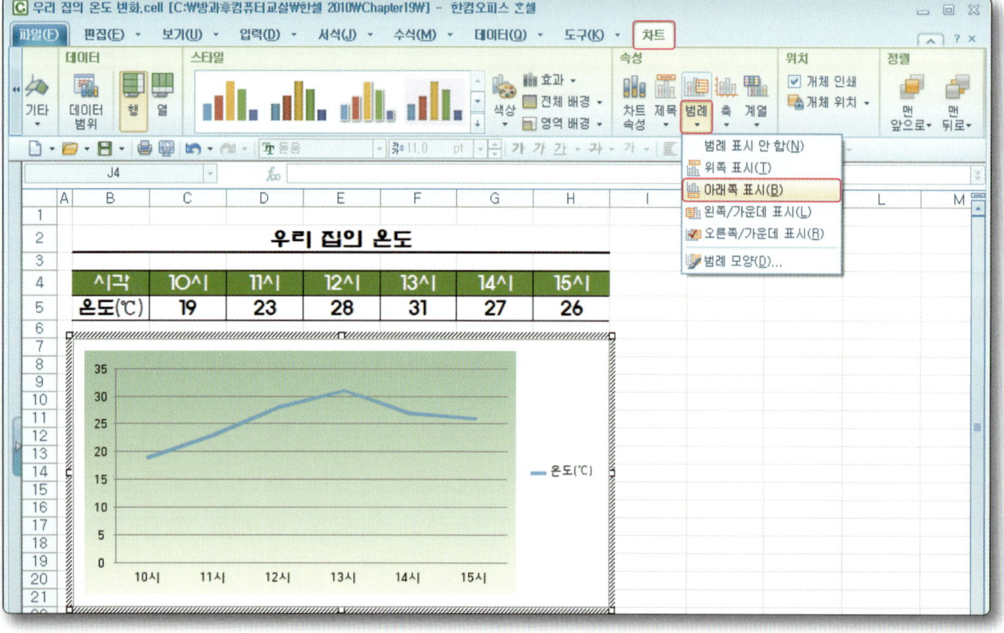

자료점 이름표 표시하기

3. [차트] 탭-[속성] 그룹에서 [계열]을 클릭한 후 [자료점 이름표]를 클릭

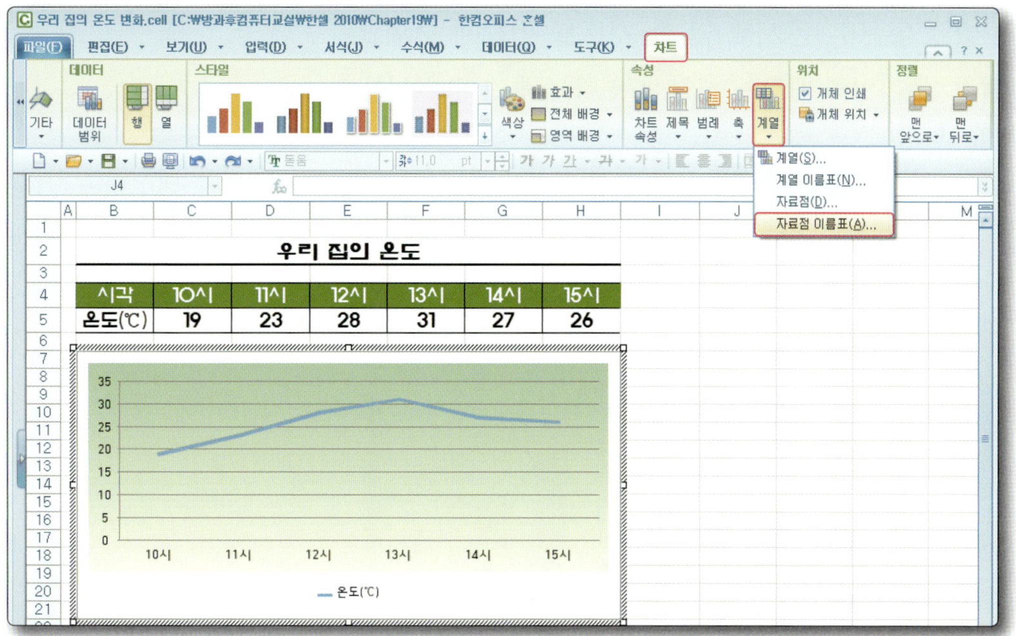

4. [자료점 선택] 대화상자가 나타나면 계열(온도(℃))과 자료점(계열 기본 값)을 선택한 후 [선택] 단추를 클릭

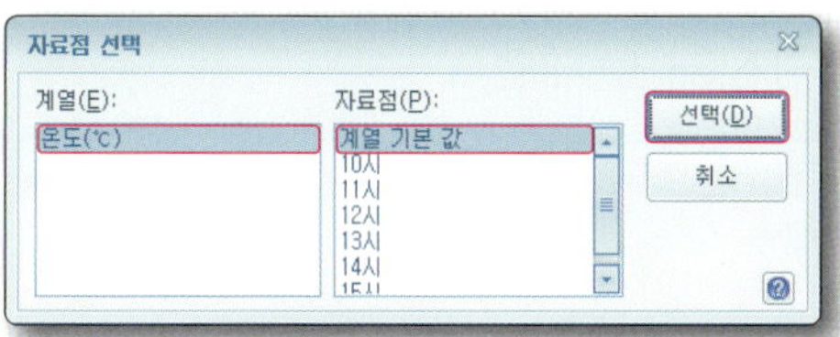

5. [자료점 이름표 모양] 대화상자가 나타나면 [선택 사항] 탭에서 위치(바로 위)와 이름표 테두리 모양(없음)을 선택한 후 [설정] 단추를 클릭

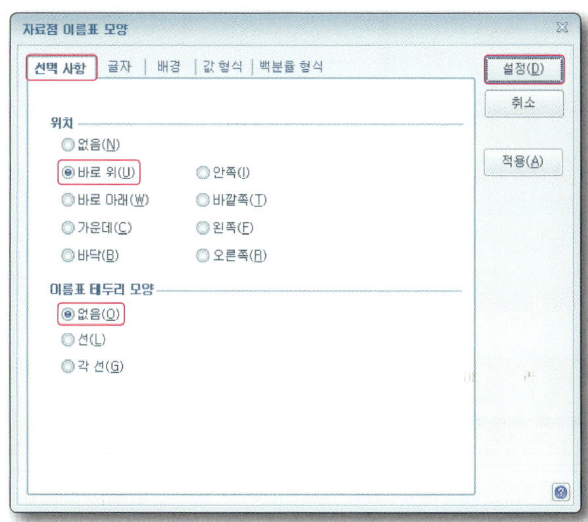

6. 자료점 이름표가 표시된 것을 확인

1 다음과 같이 '월별 홈런수' 문서를 연 후 차트를 편집해 보세요.

- 영역 배경 설정 : [영역 배경 – 하늘색/연하늘색 그러데이션]
- 범례 : 아래쪽 표시
- 자료점 이름표 표시 : 계열(홈런수), 자료점(계열 기본 값), 위치(가운데), 이름표 테두리 모양(없음)

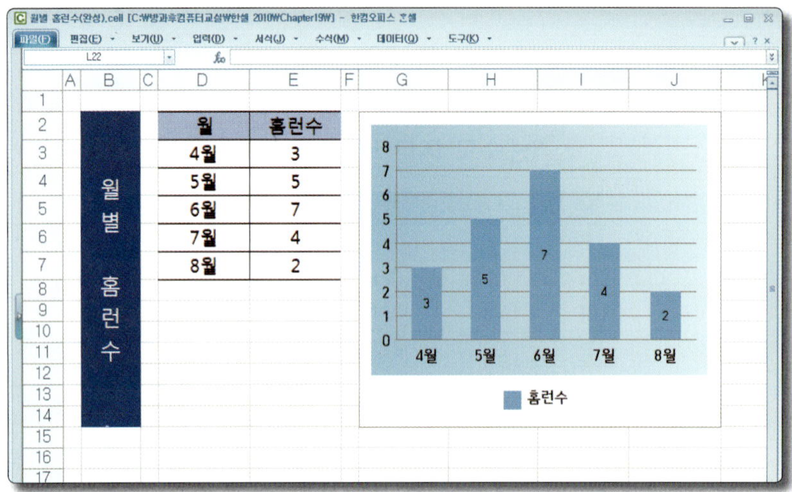

2 다음과 같이 '좋아하는 애완동물' 문서를 연 후 차트를 편집해 보세요.

- 전체 배경 설정 : [배경 – 연두색/노란색 그러데이션]
- 범례 : 범례 표시 안 함
- 자료점 이름표 표시 : 계열(학생수), 자료점(계열 기본 값), 위치(바깥쪽), 이름표 테두리 모양(없음)

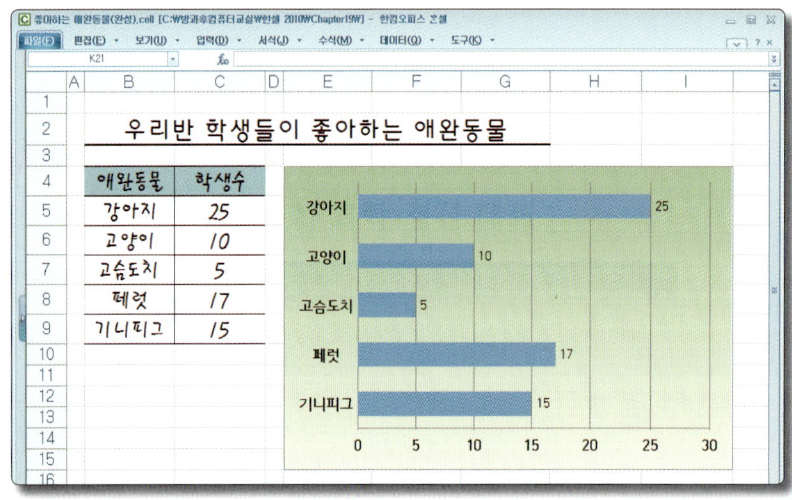

힌트

차트를 선택한 후 [차트] 탭–[스타일] 그룹에서 [전체 배경]을 클릭한 다음 [배경 – 연두색/노란색 그러데이션]을 클릭하면 전체 배경을 설정할 수 있습니다.

3 다음과 같이 '1인당 국민 소득' 문서를 연 후 차트를 편집해 보세요.

- 전체 배경 설정 : ▢[배경 – 연노란색]
- 영역 배경 설정 : ▢[영역 배경 – 연분홍색]
- 범례 : 아래쪽 표시

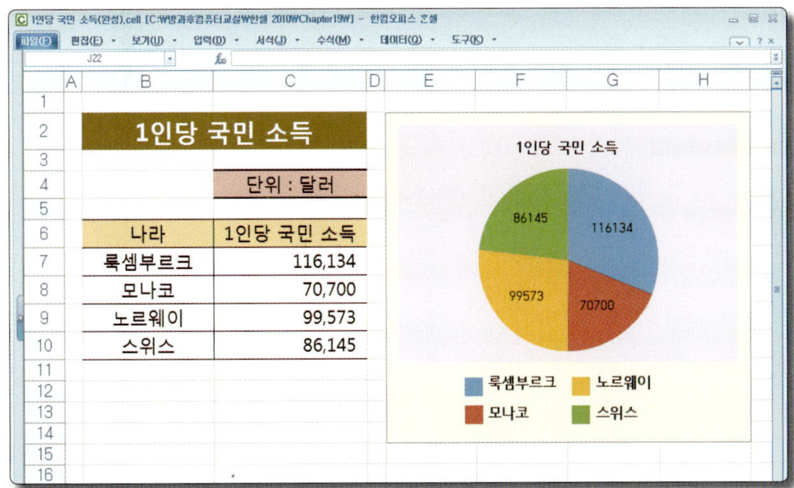

4 다음과 같이 '국내총생산 변화' 문서를 연 후 차트를 편집해 보세요.

- 전체 배경 설정 : ▢[배경 – 연분홍색]
- 범례 : 위쪽 표시
- 자료점 이름표 표시 : 계열(국내총생산), 자료점(계열 기본 값), 위치(바로 아래), 이름표 테두리 모양(없음)

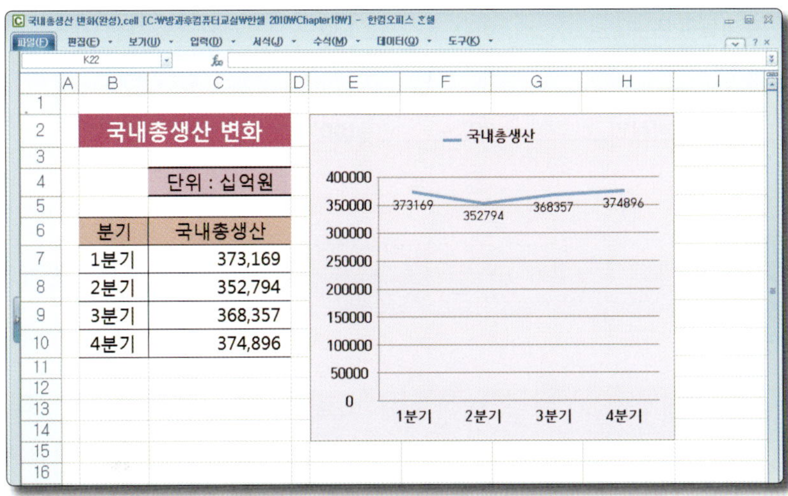

Chapter 20 음식별 열량과 섭취량 알아보기

- 하나의 열을 기준으로 정렬하는 방법에 대해 알아보겠습니다.
- 여러 열을 기준으로 정렬하는 방법에 대해 알아보겠습니다.

완성작품 미리보기

음식별 열량과 1회 섭취량

음식	기초식품군	열량(Kcal)	1회 섭취량(g)
쌀밥	탄수화물	300	210
꽁치구이	단백질	150	50
사과	무기질과 비타민	130	250
우유	칼슘	125	200
바나나	무기질과 비타민	100	135
식빵	탄수화물	100	35
감	무기질과 비타민	90	160
포도	무기질과 비타민	80	130
귤	무기질과 비타민	80	100
멸치볶음	칼슘	50	20
토마토	무기질과 비타민	40	300
딸기	무기질과 비타민	30	100

기초식품군은 식품에 함유되어 있는 영양소에 따라 단백질, 무기질과 비타민, 칼슘 등으로 분류하여 놓은 것입니다. 각 군에 있는 식품을 조합하여 먹으면 영양소를 골고루 섭취할 수 있는데요. 그럼 식품별로 열량과 1회 섭취량은 얼마나 되는지 정렬을 하면서 알아볼까요?

열량을 기준으로 정렬하기

1. '열량과 1회 섭취량' 문서를 연 후 D4셀을 선택한 다음 [데이터] 탭–[정렬 및 필터] 그룹에서 ⬇[오름 차순]을 클릭

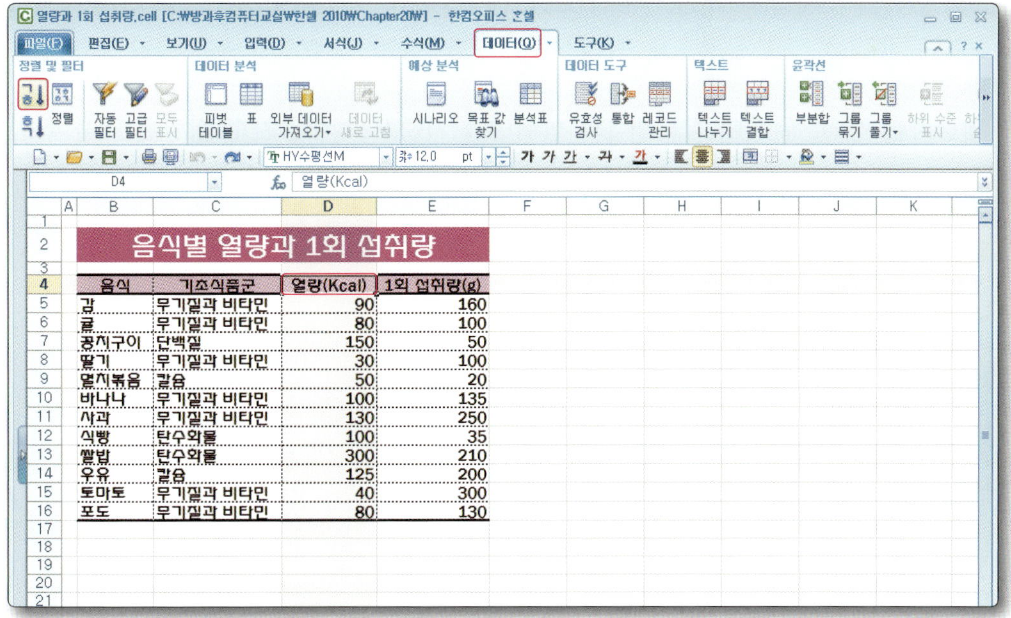

열량과 1회 섭취량을 기준으로 정렬하기

2. B4셀을 선택한 후 [데이터] 탭–[정렬 및 필터] 그룹에서 [정렬]을 클릭

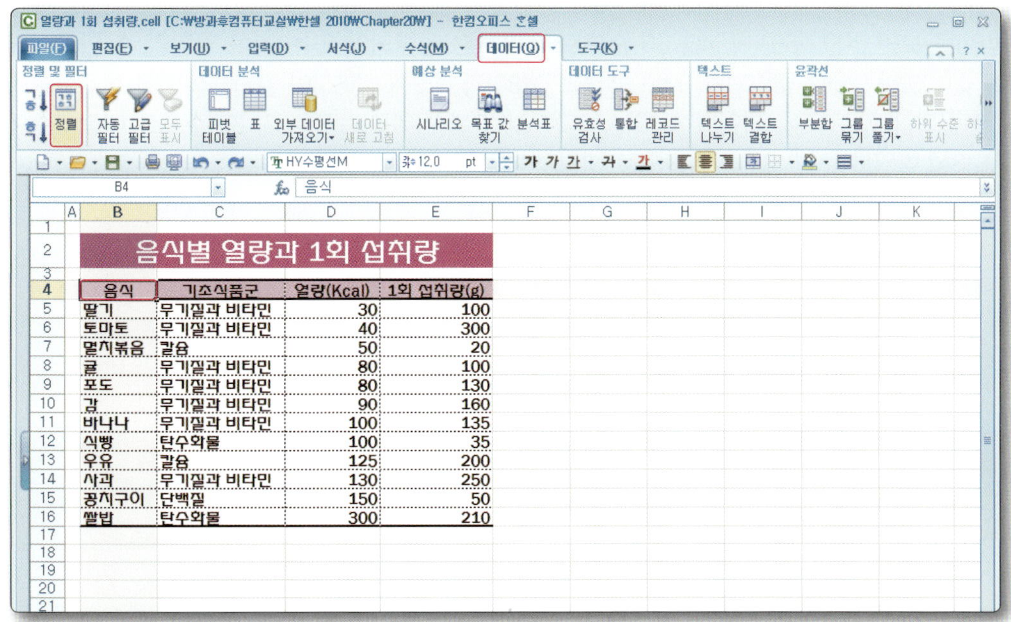

3. [정렬] 대화상자가 나타나면 정렬 방향(위쪽에서 아래쪽)을 선택한 후 기준1(열량(Kcal), 내림차순)과 기준2(1회 섭취량(g), 내림차순)를 선택한 다음 [첫 행/열 머리글로 사용]을 선택하고 [실행] 단추를 클릭

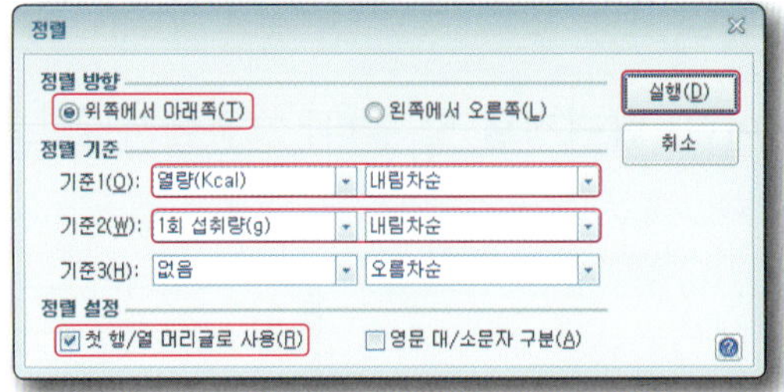

4. 열량을 기준으로 내림차순 정렬, 열량이 같으면 1회 섭취량을 기준으로 내림차순 정렬된 것을 확인

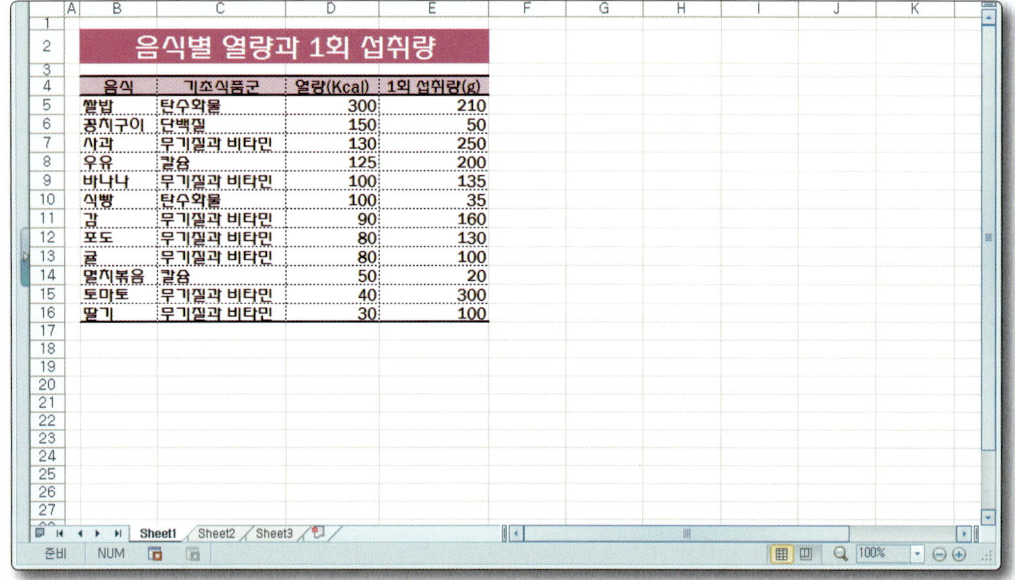

Tip

열량(D5:D16셀 범위)을 보면 300, 150, …, 40, 30 순으로 내림차순 정렬되어 있는 것을 확인할 수 있으며 열량이 같으면(D9셀 값(100)과 D10셀 값(100)이 같고, D12셀 값(80)과 D13셀 값(80)이 같습니다) 1회 섭취량을 기준으로 내림차순 정렬되어 있는 것을 확인할 수 있습니다(E9:E10셀 범위를 보면 135, 35 순으로 내림차순 정렬되어 있고, E12:E13셀 범위를 보면 130, 100 순으로 내림차순 정렬되어 있습니다).

1 다음과 같이 '동물의 수명' 문서를 연 후 수명을 기준으로 오름차순 정렬을 해 보세요.

동물	수명(년)
닭	7
돼지	10
개	12
고양이	12
소	15
말	20

2 다음과 같이 '나의 친구들' 문서를 연 후 생일을 기준으로 내림차순 정렬을 해 보세요.

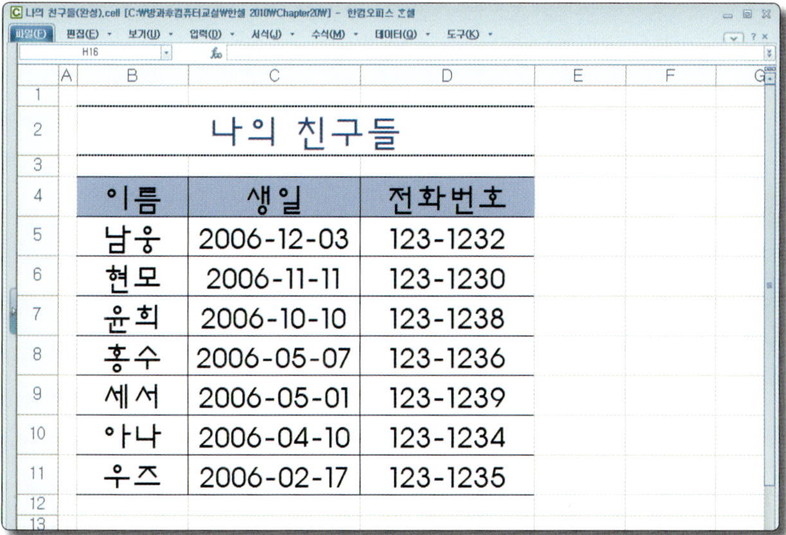

이름	생일	전화번호
남웅	2006-12-03	123-1232
현모	2006-11-11	123-1230
윤희	2006-10-10	123-1238
홍수	2006-05-07	123-1236
세서	2006-05-01	123-1239
아나	2006-04-10	123-1234
우즈	2006-02-17	123-1235

3 다음과 같이 '좋아하는 운동' 문서를 연 후 남학생수를 기준으로 내림차순 정렬, 남학생수가 같으면 여학생수를 기준으로 내림차순 정렬을 해 보세요.

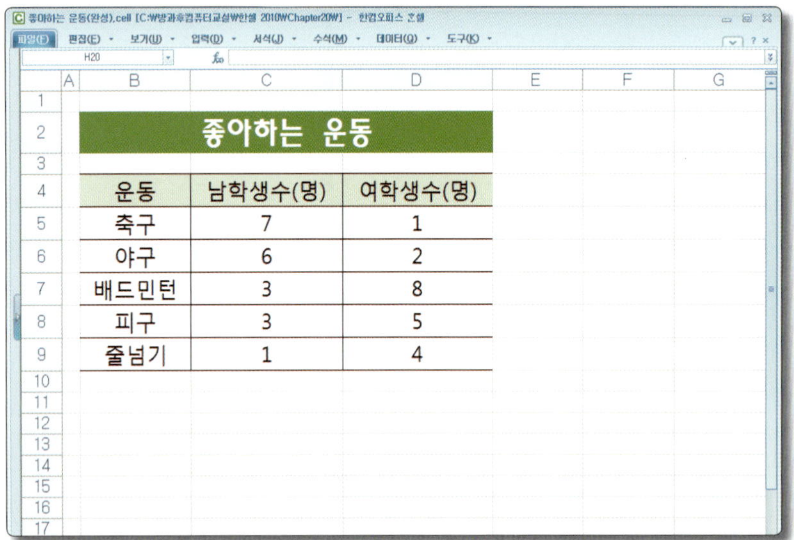

4 다음과 같이 '유럽 나라별 수입 현황' 문서를 연 후 1월을 기준으로 오름차순 정렬, 1월이 같으면 2월을 기준으로 오름차순 정렬을 해 보세요.

Chapter 21 지구보다 작은 행성 알아보기

✌ 자동 필터를 사용하는 방법에 대해 알아보겠습니다.
✌ 자동 필터를 해제하는 방법에 대해 알아보겠습니다.

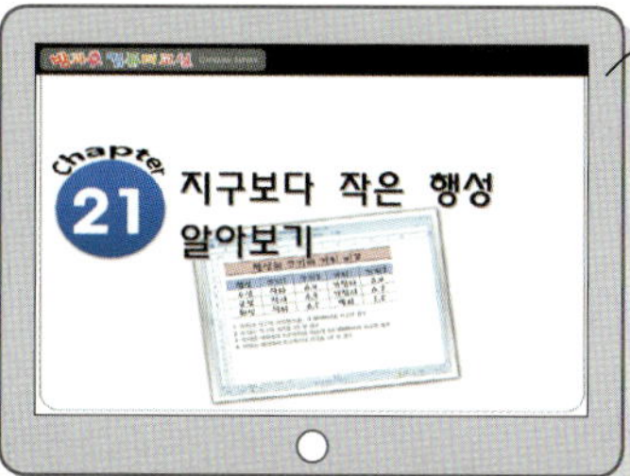

먼저 공부 할 내용
한셀 2010.show(Chapter21)

완성작품 미리보기

행성	크기1	크기2	거리1	거리2
수성	작다	0.4	가깝다	0.4
금성	작다	0.9	가깝다	0.7
화성	작다	0.5	멀다	1.5

1. 크기1은 지구의 크기(반지름 : 약 6300Km)와 비교한 경우
2. 크기2는 지구의 크기를 1로 본 경우
3. 거리1은 태양에서 지구까지의 거리(약 1억 5000Km)와 비교한 경우
4. 거리2는 태양에서 지구까지의 거리를 1로 본 경우

태양계에는 수성, 금성, 지구 등의 행성이 있습니다. 지구는 태양으로부터 세 번째에 있는 행성이고, 태양계에 있는 행성 중에서 다섯 번째로 큰 행성인데요. 그럼 지구보다 작은 행성에는 어떤 행성이 있는지 자동 필터를 사용하면서 알아볼까요?

크기1이 '작다'인 데이터만 표시하기

1. '크기와 거리 비교' 문서를 연 후 B4셀을 선택한 다음 [데이터] 탭–[정렬 및 필터] 그룹에서 [자동 필터]를 선택

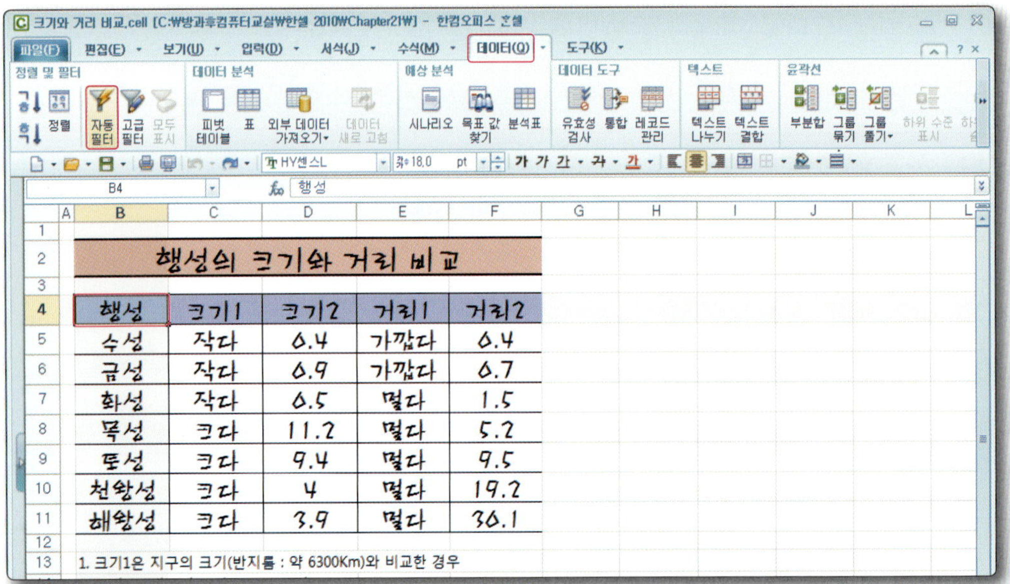

2. [크기1] 필드의 ▼[필터 목록] 단추를 클릭한 후 [(모두)]를 선택 해제한 다음 [작다]를 선택하고 [설정] 단추를 클릭

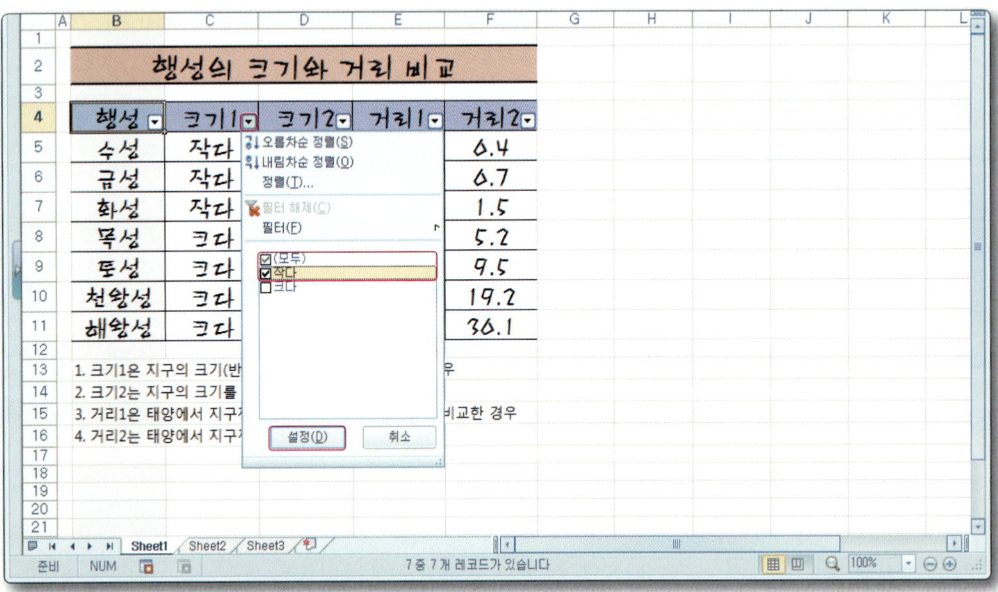

자동 필터 해제하기

3. [데이터] 탭-[정렬 및 필터] 그룹에서 [자동 필터]를 선택 해제

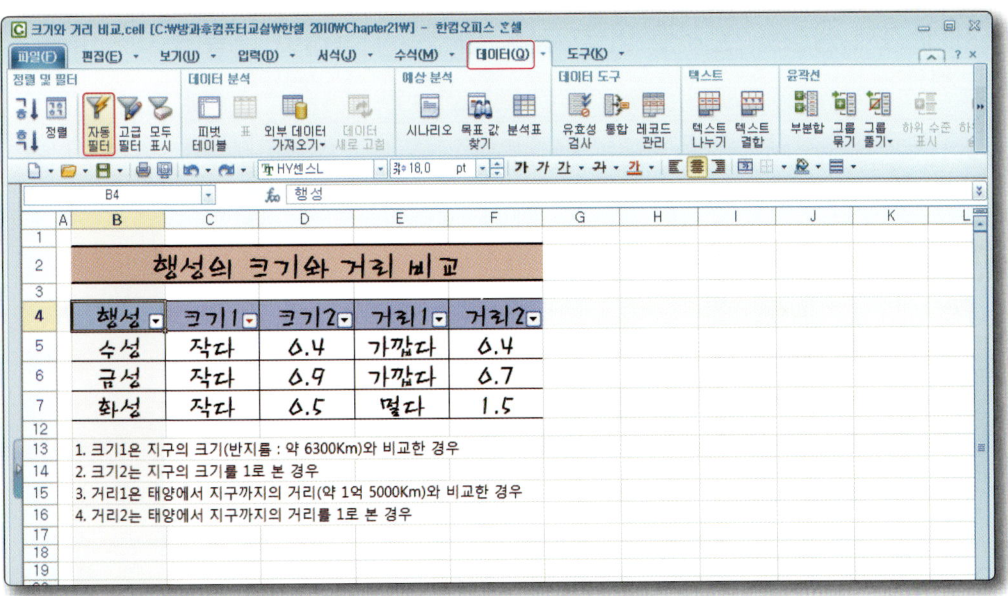

4. 자동 필터가 해제된 것을 확인

모두 표시와 필터 해제

여러 필드에 조건이 지정되어 있는 경우, [데이터] 탭-[정렬 및 필터] 그룹에 있는 [모두 표시]는 여러 필드에 지정되어 있는 조건을 모두 지우고, 필터 목록에 있는 [필터 해제]는 해당 필드에 지정되어 있는 조건만 지웁니다.

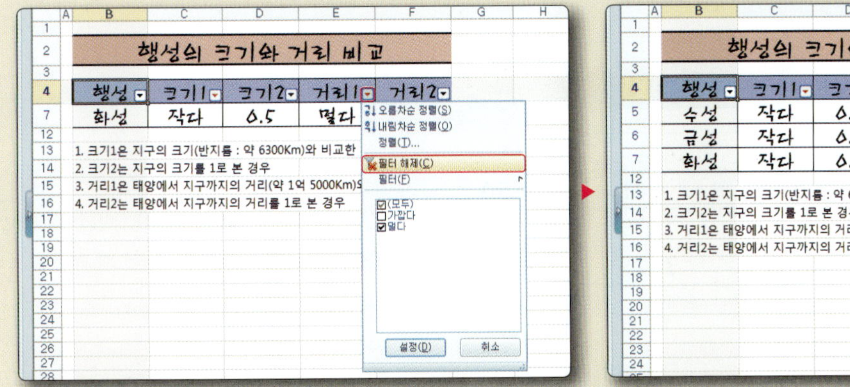
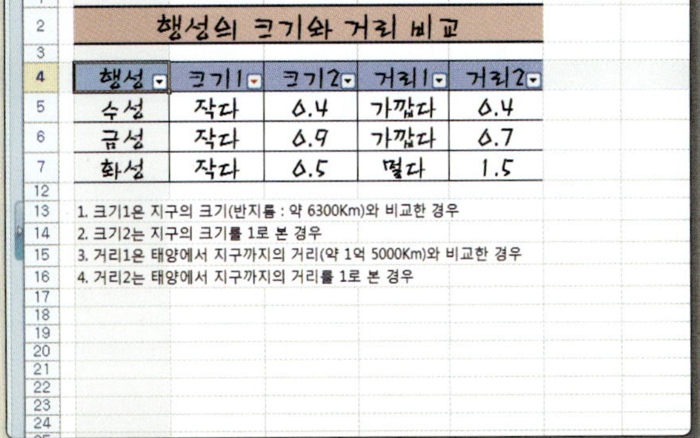

▲ [크기1] 필드와 [거리1] 필드에 조건을 지정한 후 [거리1] 필드의 ▼[필터 목록] 단추를 클릭한 다음 [필터 해제]를 클릭하여 [거리1] 필드에 지정되어 있는 조건만 지운 경우

1 다음과 같이 '세계 경제 성장률' 문서를 연 후 자동 필터를 사용하여 대륙이 '아시아'인 데이터만 표시해 보세요.

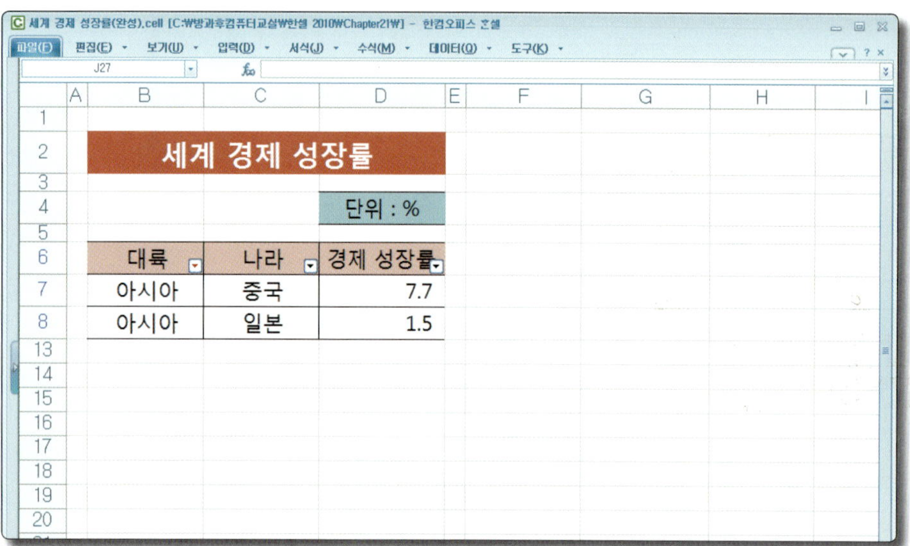

2 다음과 같이 '아시아 나라별 환율 변화' 문서를 연 후 자동 필터를 사용하여 나라가 '중국', '일본', '대만'인 데이터만 표시해 보세요.

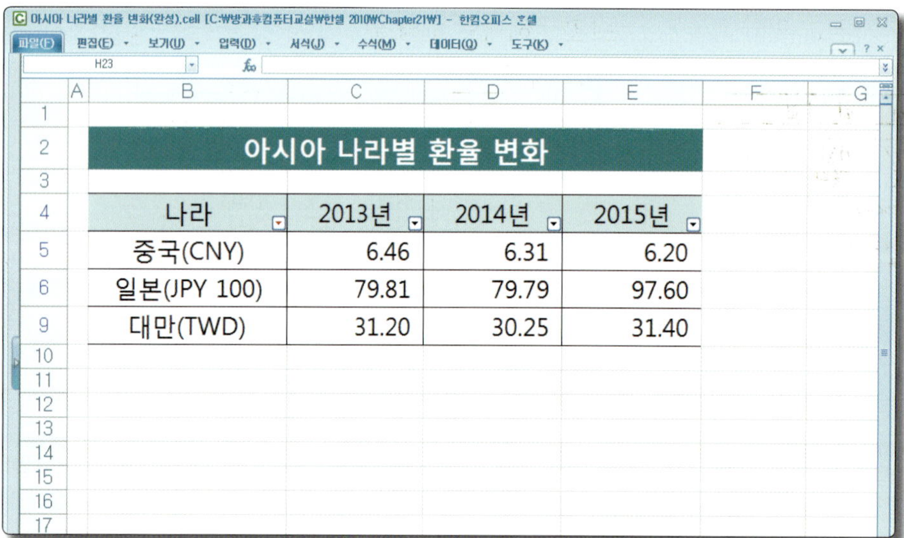

❸ 다음과 같이 '의식주 생활' 문서를 연 후 [옛날] 필드에 지정되어 있는 조건만 지워 보세요.

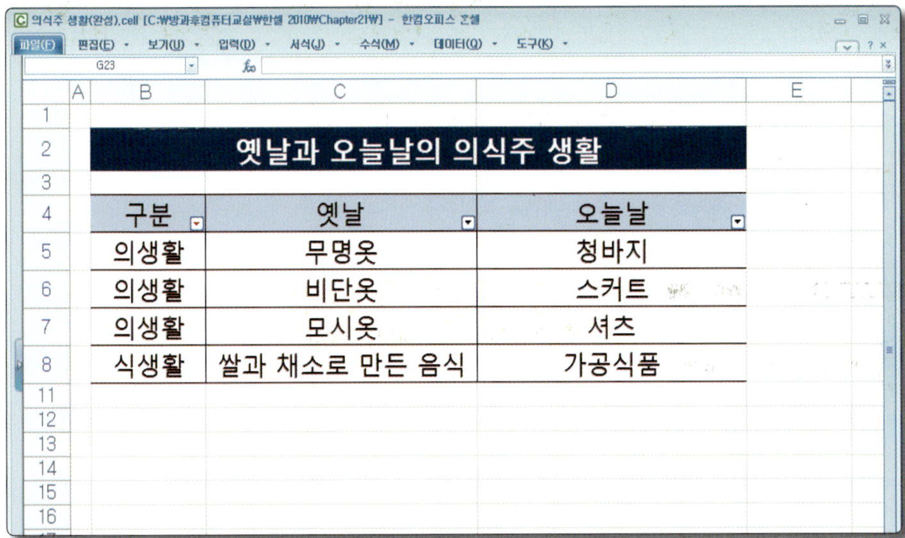

❹ 다음과 같이 '즐겨 먹었던 음식' 문서를 연 후 자동 필터를 해제해 보세요.

Chapter 22

내일의 날씨 알아보기

👆 고급 필터를 사용하는 방법에 대해 알아보겠습니다.
✌ 모든 데이터를 표시하는 방법에 대해 알아보겠습니다.

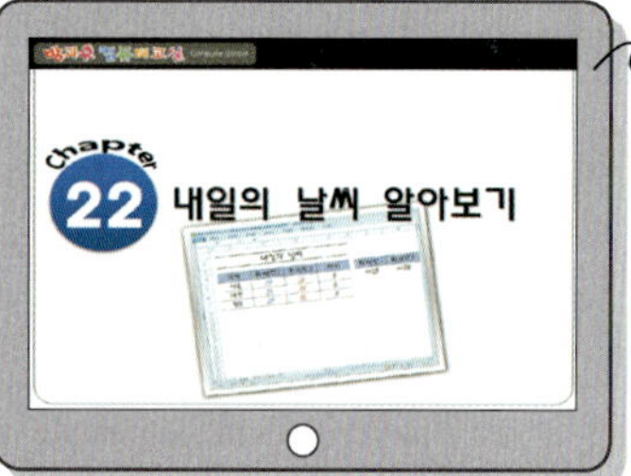

완성작품 미리보기

지역	최저(℃)	최고(℃)	차이		최저(℃)	최고(℃)
					<=23	>=28
서울	23	28	5			
대전	23	29	6			
광주	23	30	7			

날씨는 우리의 일상생활과 밀접하게 관련되어 있습니다. 날씨는 사람의 먹을거리나 옷차림 등 생활의 많은 부분에 영향을 끼치는데요. 그럼 내일의 날씨는 어떤지 고급 필터를 사용하면서 알아볼까요?

조건 입력하기

1. '내일의 날씨' 문서를 연 후 C4:D4셀 범위를 선택한 다음 [편집] 탭-[클립보드] 그룹에서 [복사하기]를 클릭

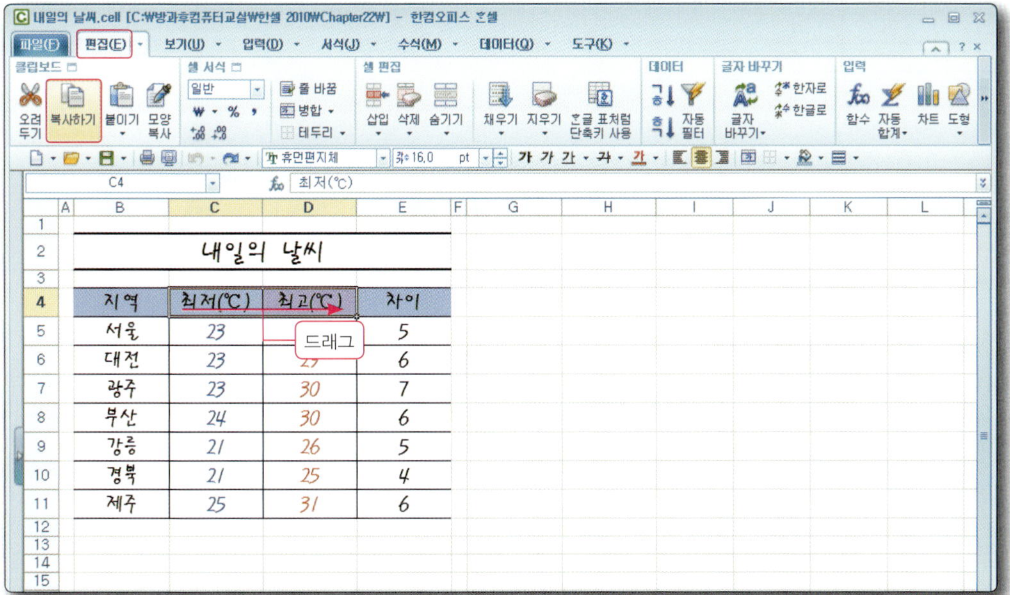

2. 필드명이 복사되면 G4셀을 선택한 후 [편집] 탭-[클립보드] 그룹에서 [붙이기]를 클릭

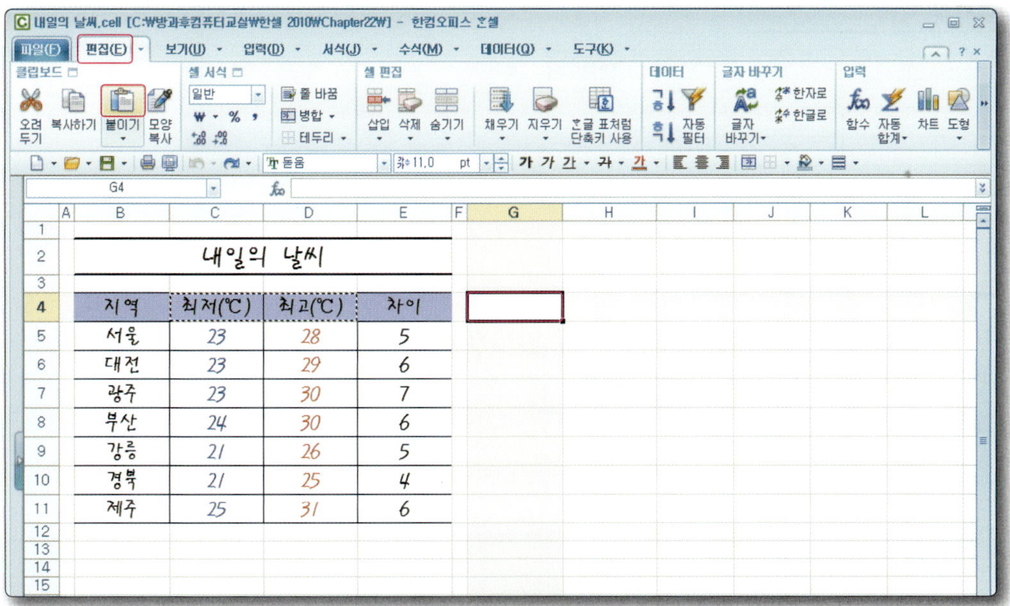

3. 필드명이 붙여넣어지면 G5:H5셀 범위에 조건을 입력

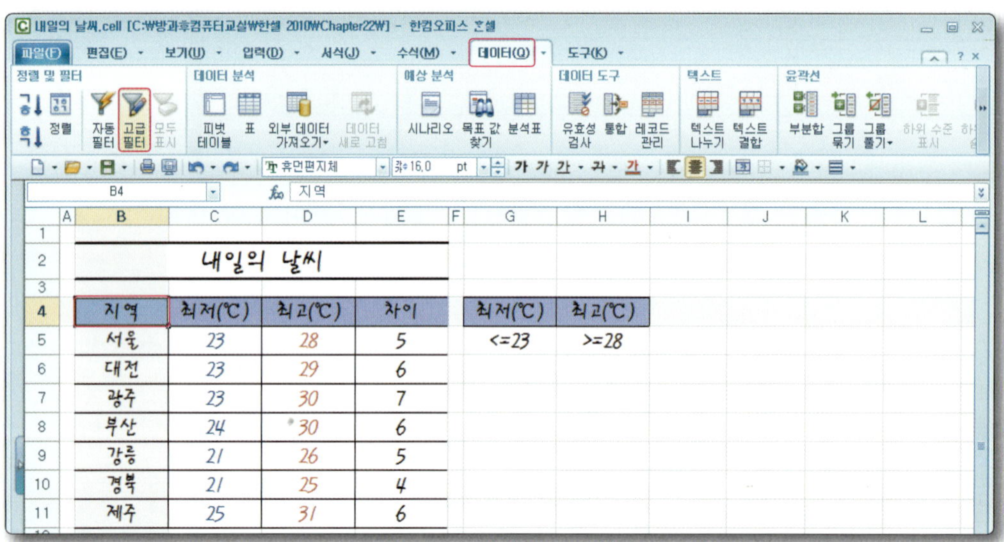

현재 위치에 최저가 23 이하이고 최고가 28 이상인 데이터만 표시하기

4. B4셀을 선택한 후 [데이터] 탭-[정렬 및 필터] 그룹에서 [고급 필터]를 클릭

5. [고급 필터] 대화상자가 나타나면 [현재 위치에 필터]를 선택한 후 데이터 범위($B$4:$E$11)와 찾을 조건 범위($G$4:$H$5)를 입력한 다음 [설정] 단추를 클릭

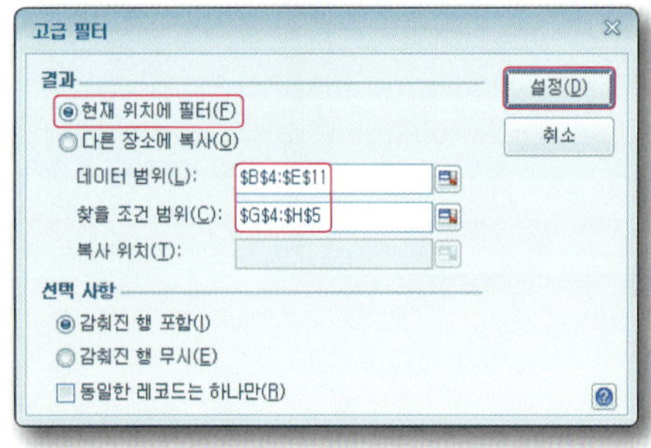

6. 현재 위치에 최저가 23 이하이고 최고가 28 이상인 데이터만 표시된 것을 확인

모든 데이터 표시하기

7. B4셀을 선택한 후 [데이터] 탭-[정렬 및 필터] 그룹에서 [모두 표시]를 클릭

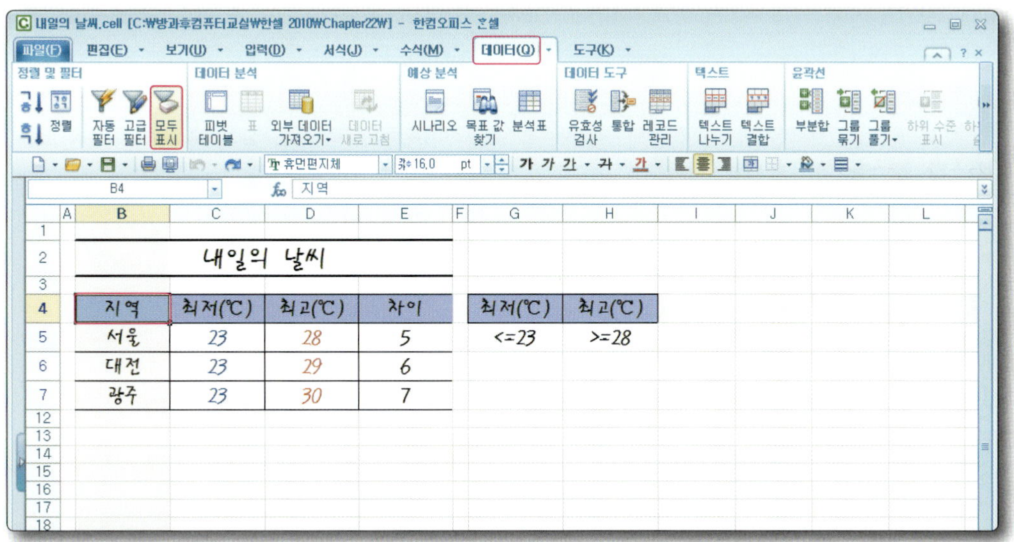

8. 모든 데이터가 표시된 것을 확인

다른 위치에 원하는 데이터만 표시하기

[고급 필터] 대화상자에서 [다른 장소에 복사]를 선택한 후 데이터 범위, 찾을 조건 범위, 복사 위치를 입력한 다음 [설정] 단추를 클릭하면 다른 위치에 원하는 데이터만 표시할 수 있습니다.

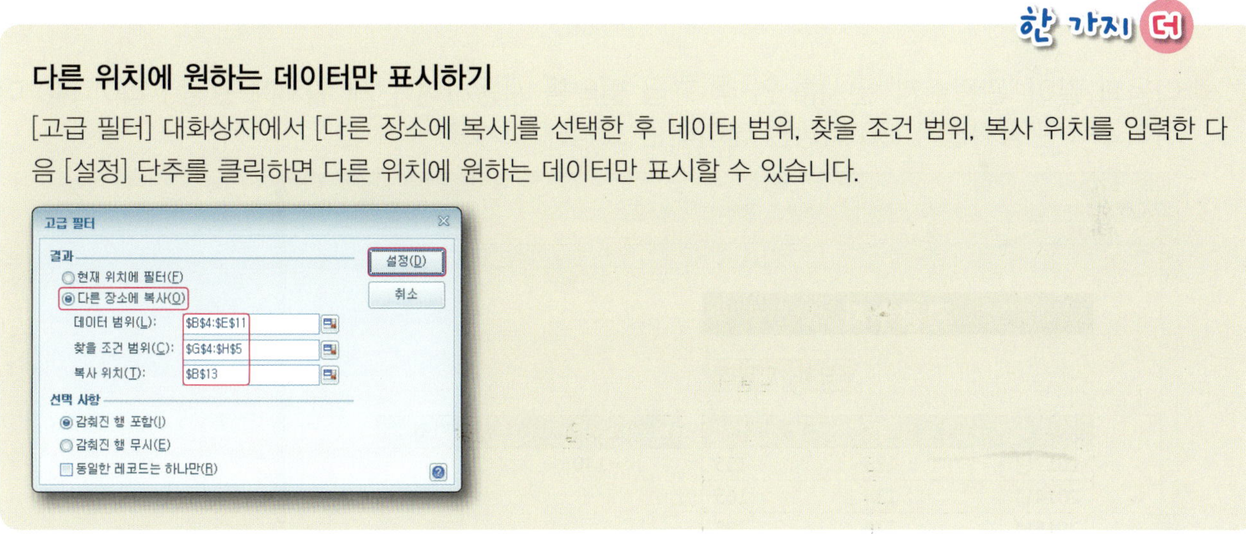

1 다음과 같이 '영어 듣기 평가' 문서를 연 후 고급 필터를 사용하여 현재 위치에 1차, 2차, 3차가 모두 70 이상인 데이터만 표시해 보세요.

반별 영어 듣기 평가 평균

반	1차	2차	3차		1차	2차	3차
1반	70.4	70.2	71.4		>=70	>=70	>=70
6반	71.3	72.8	73.6				
9반	74.9	75.8	76.1				

2 다음과 같이 '관광수지' 문서를 연 후 고급 필터를 사용하여 현재 위치에 관광수입이 140 이하이거나 관광지출이 190 이상인 데이터만 표시해 보세요.

관광수지

단위 : 만달러

연도	관광수입	관광지출		관광수입	관광지출
2013년	123	155		<=140	
2014년	134	165			>=190
2016년	176	198			

3 다음과 같이 '직업과 관련된 곳' 문서를 연 후 고급 필터를 사용하여 다른 위치(B11셀)에 장소가 '도서관'이거나 개수가 4 이상인 데이터만 표시해 보세요.

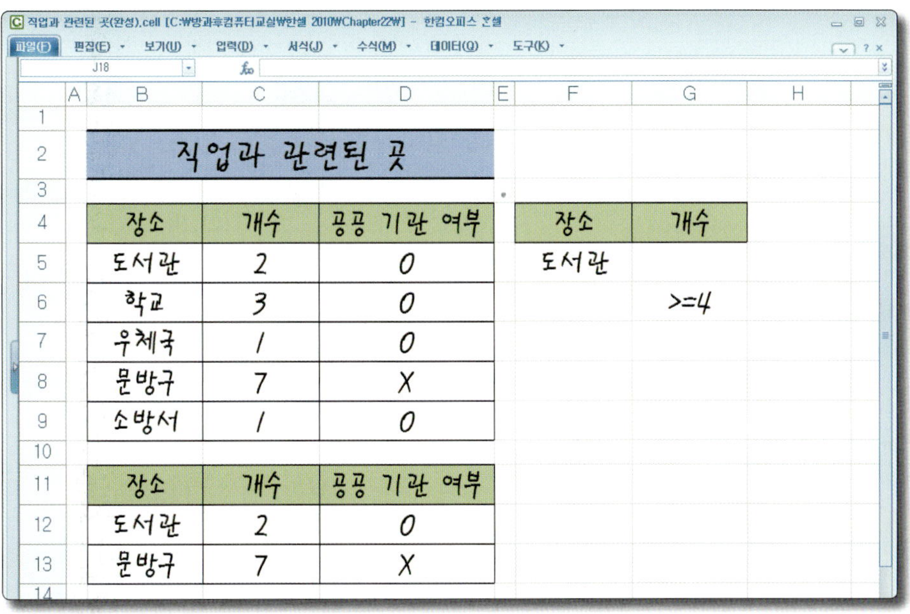

	장소	개수	공공 기관 여부		장소	개수
	도서관	2	O		도서관	
	학교	3	O			>=4
	우체국	1	O			
	문방구	7	X			
	소방서	1	O			
	장소	개수	공공 기관 여부			
	도서관	2	O			
	문방구	7	X			

4 다음과 같이 '비 올 확률' 문서를 연 후 고급 필터를 사용하여 다른 위치(B12셀)에 낮과 밤이 모두 40 이상인 데이터만 표시해 보세요.

	지역	낮 (%)	밤 (%)		낮 (%)	밤 (%)
	서울	40	80		>=40	>=40
	대전	60	70			
	광주	40	20			
	부산	30	40			
	강릉	10	50			
	제주	30	40			
	지역	낮 (%)	밤 (%)			
	서울	40	80			
	대전	60	70			

Chapter 23

반별 네티켓 지수 알아보기

- 부분합을 구하는 방법에 대해 알아보겠습니다.
- 윤곽 설정 단추를 사용하는 방법에 대해 알아보겠습니다.

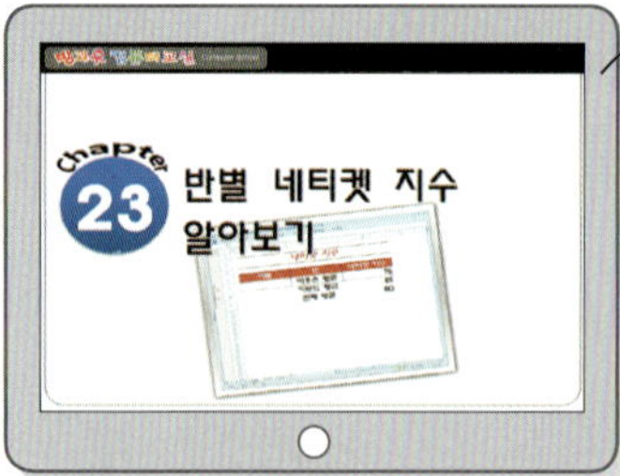

완성작품 미리보기

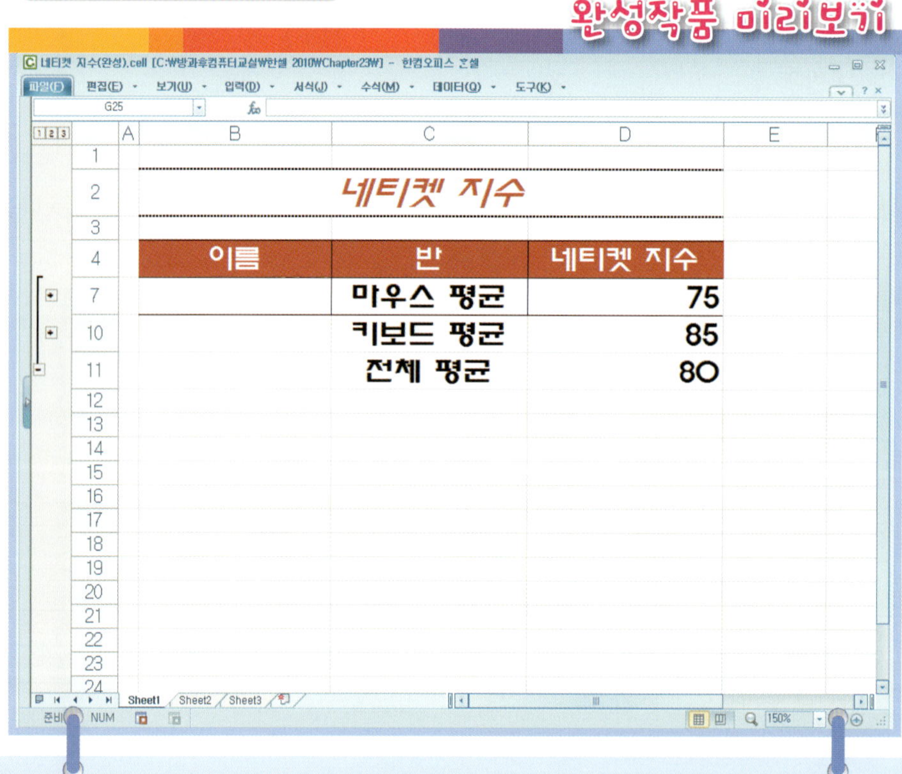

네티켓은 인터넷에서의 예절을 말합니다. 정보화 시대를 살아가고 있는 우리에게 인터넷에서의 예절은 일상생활에서의 예절에 못지않게 중요한데요. 그럼 반별 네티켓 지수는 어떻게 되는지 부분합을 구한 후 윤곽 설정 단추를 사용하면서 알아볼까요?

반을 기준으로 정렬하기

1. '네티켓 지수' 문서를 연 후 C4셀을 선택한 다음 [데이터] 탭-[정렬 및 필터] 그룹에서 ⬇[오름차순]을 클릭

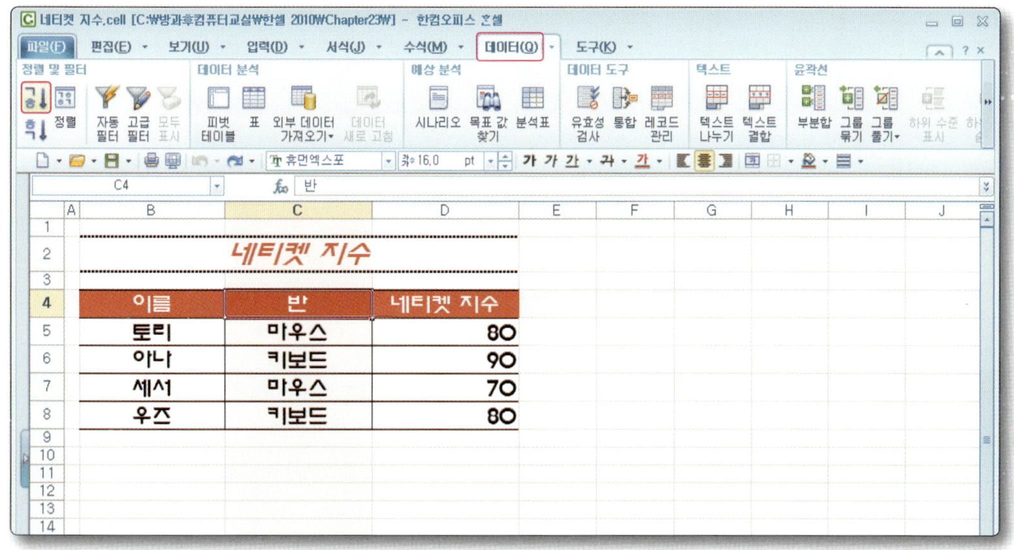

> **Tip**
>
> 부분합을 제대로 구하려면 먼저 데이터를 그룹화할 항목을 기준으로 정렬해야 합니다.

반별로 네티켓 지수 평균 구하기

2. B4셀을 선택한 후 [데이터] 탭-[윤곽선] 그룹에서 [부분합]을 클릭

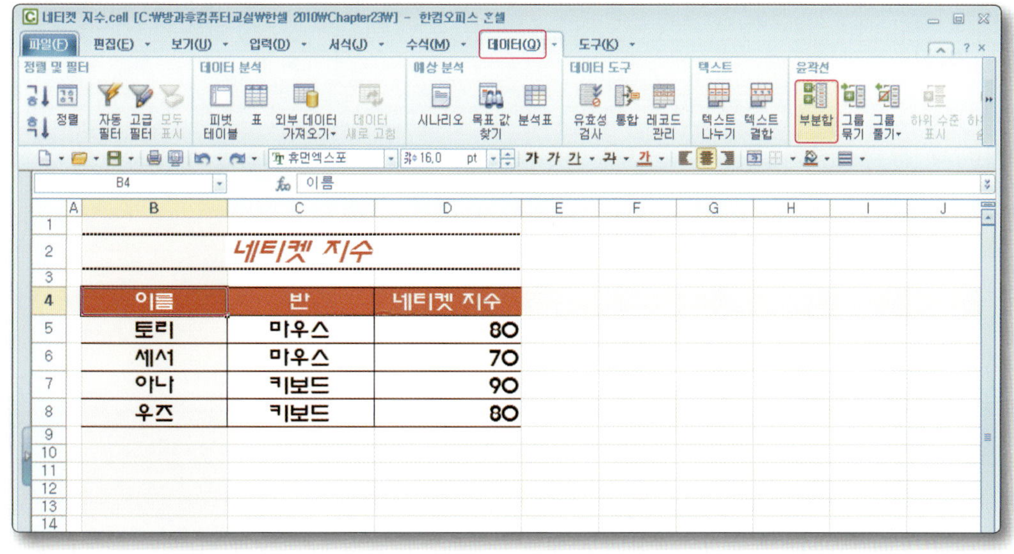

3. [부분합] 대화상자가 나타나면 그룹화할 항목(반), 사용할 함수(평균), 부분합 계산 항목(네티켓 지수)을 선택한 후 [실행] 단추를 클릭

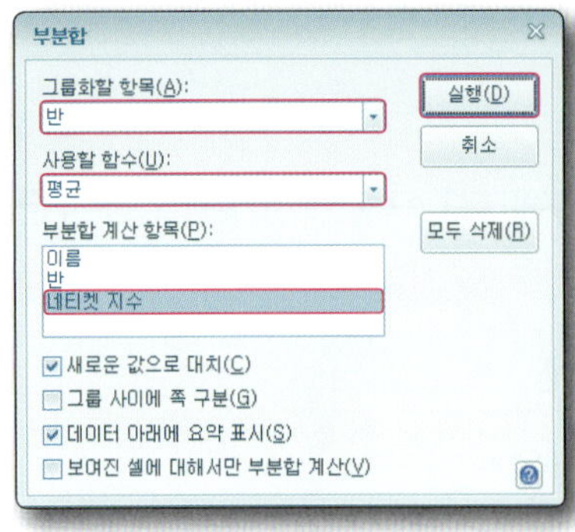

윤곽 설정 단추 사용하기

4. 윤곽 설정 단추에서 **2**를 클릭

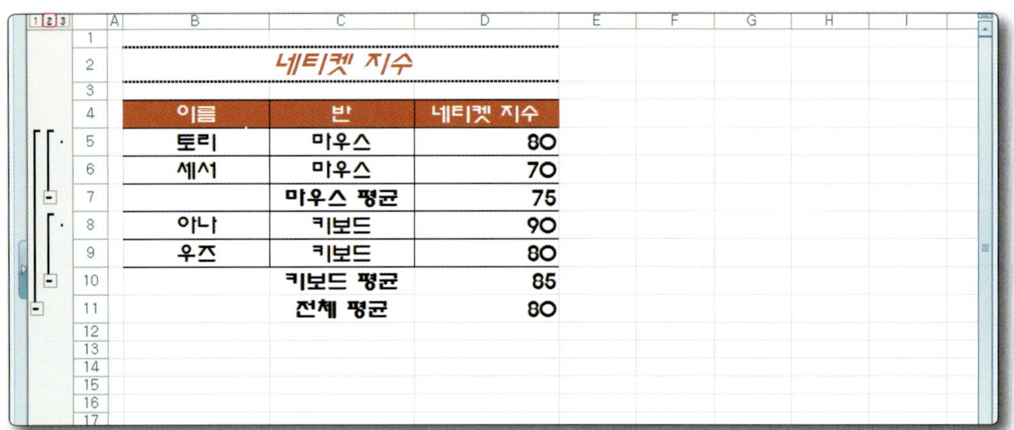

5. 반별 네티켓 지수 평균과 전체 평균만 표시된 것을 확인

윤곽 설정 단추 제거하기

부분합을 삭제하면 부분합과 함께 윤곽 설정 단추도 제거되는데 [데이터] 탭–[윤곽선] 그룹에서 [그룹 풀기]의 ▼[목록] 단추를 클릭한 후 [윤곽 지우기]를 클릭하면 부분합을 삭제하지 않고도 윤곽 설정 단추를 제거할 수 있습니다.

1 다음과 같이 '컴퓨터 활용 능력 평가' 문서를 연 후 학년별로 1과목과 2과목의 최댓값을 구해 보세요.

이름	학년	1과목	2과목
세서	4	95	100
수조	4	70	65
4 최댓값		95	100
토리	5	90	80
아나	5	80	90
5 최댓값		90	90
전체 최댓값		95	100

2 다음과 같이 '우리 고장 사람들의 직업' 문서를 연 후 구분별로 인원의 합계를 구해 보세요.

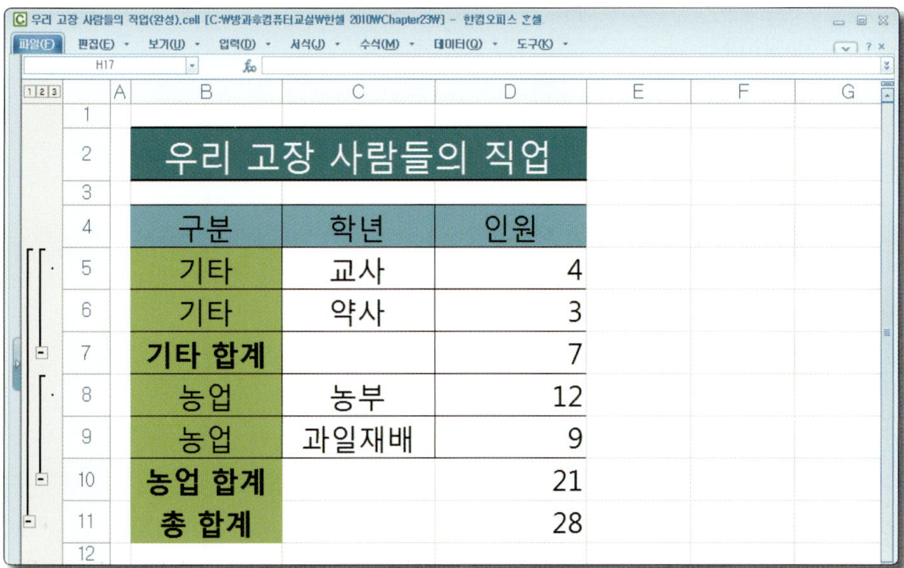

구분	학년	인원
기타	교사	4
기타	약사	3
기타 합계		7
농업	농부	12
농업	과일재배	9
농업 합계		21
총 합계		28

3 다음과 같이 '도서 대출 현황' 문서를 연 후 요일별로 대출 도서수의 평균을 구한 다음 윤곽 설정 단추를 제거해 보세요.

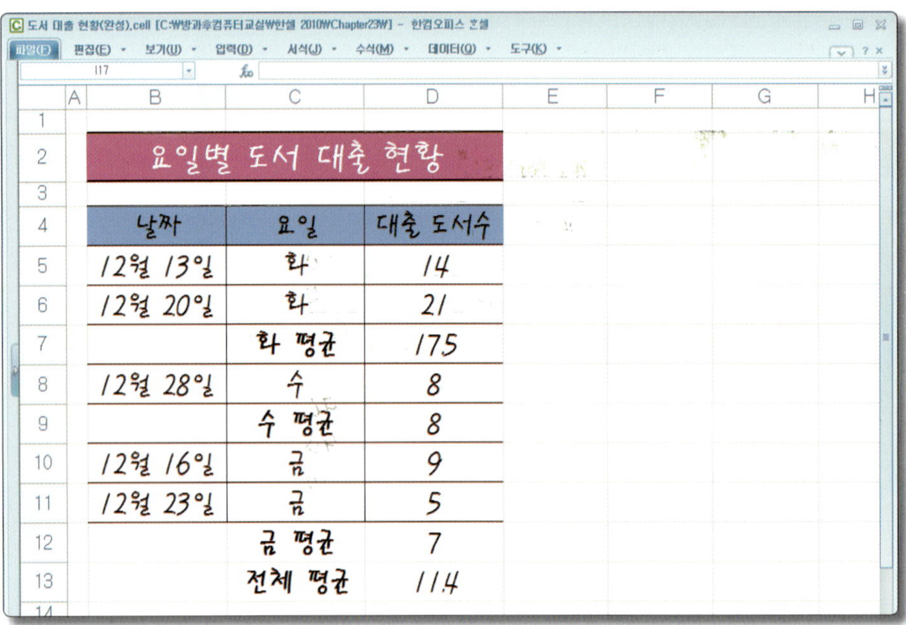

4 다음과 같이 '자원개발기업 해외 진출 현황' 문서를 연 후 나라별로 기업의 개수를 구한 다음 윤곽 설정 단추를 제거해 보세요.

01 다음 중 입력할 수 있는 데이터를 지정하여 데이터를 잘못 입력하면 입력할 수 없도록 제한하는 기능은 어느 것입니까?

① 데이터 유효성 검사　　② 이름 정의

③ 자동 필터　　④ 고급 필터

02 다음 ☐ 안에 들어갈 말은 무엇인지 쓰시오.

> ☐은(는) 수치 데이터를 막대나 원 등으로 표시해 주기 때문에 한 눈에 파악할 수 있습니다.

03 다음 중 월이나 연도와 같이 일정한 기간 동안의 데이터 추세를 표시하는 경우에 사용하는 차트는 어느 것입니까?

① 　　②

③ 　　④

04 다음 중 데이터를 일정한 순서에 의해 차례대로 재배열하는 작업을 무엇이라고 하는지 고르시오.

① 정렬　　② 자동 필터

③ 고급 필터　　④ 부분합

05 다음 데이터를 내림차순 정렬한 결과로 옳은 것은 어느 것입니까?

> 대한민국, 중국, 일본

① 대한민국, 일본, 중국

② 중국, 일본, 대한민국

③ 대한민국, 중국, 일본

④ 일본, 대한민국, 중국

06 다음 중 고급 필터에 대한 설명으로 옳지 않은 것은 어느 것입니까?

① 필터링은 많은 데이터 중에서 원하는 데이터만 표시하는 작업을 말합니다.

② 고급 필터는 조건을 입력하여 필터링을 합니다.

③ 고급 필터는 자동 필터로는 원하는 데이터를 표시할 수 없는 경우에 많이 사용합니다.

④ 고급 필터는 원하는 데이터를 다른 위치에 표시할 수 없습니다.

07 다음 중 고급 필터에서 나라가 '대한민국'이고 수출비중이 10 이상인 데이터만 표시되도록 조건을 입력한 것은 어느 것입니까?

① 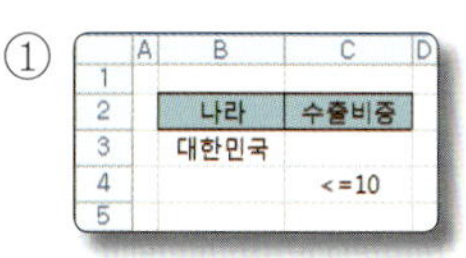　　② 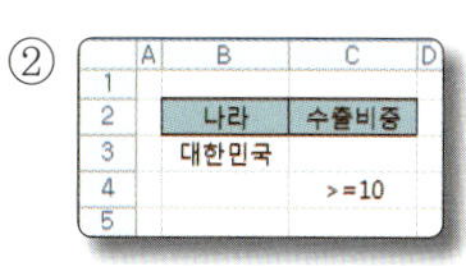

③ 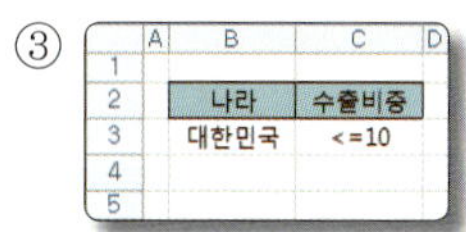　　④ 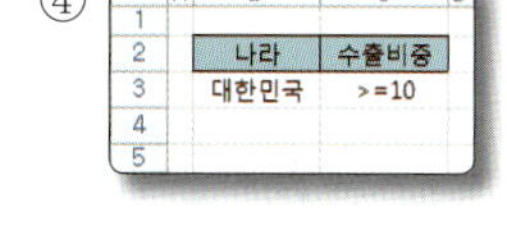

08 다음 중 부분합에 대한 설명으로 옳지 않은 것은 어느 것입니까?

① 부분합은 데이터를 특정 항목별로 그룹화한 후 그룹별로 요약하는 기능입니다.

② 부분합을 제대로 구하려면 먼저 데이터를 그룹화할 항목을 기준으로 정렬해야 합니다.

③ [부분합] 대화상자에서 [새로운 값으로 대치]를 선택하면 기존에 구한 부분합을 그대로 둔 상태에서 새로 구한 부분합이 기존에 구한 부분합 위에 나타납니다.

④ [부분합] 대화상자에서 [모두 삭제] 단추를 클릭하면 부분합을 제거합니다.

▶ 정답은 120페이지에 있습니다.

09 다음과 같이 '우리 지역의 날씨' 문서를 연 후 최고 기온을 기준으로 내림차순 정렬, 최고 기온이 같으면 최저 기온을 기준으로 내림차순 정렬을 해 보세요.

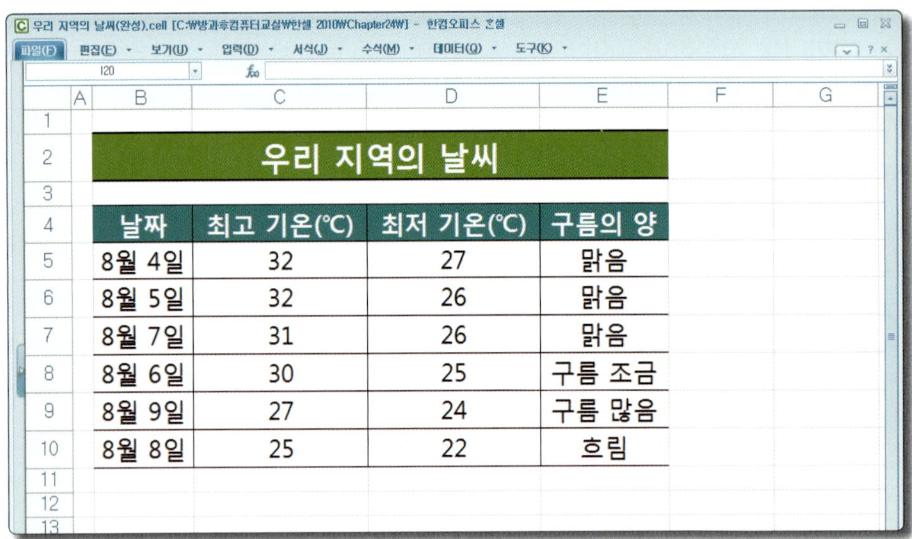

10 다음과 같이 '지역별 날씨' 문서를 연 후 자동 필터를 사용하여 구름의 양이 '비'인 데이터만 표시해 보세요.

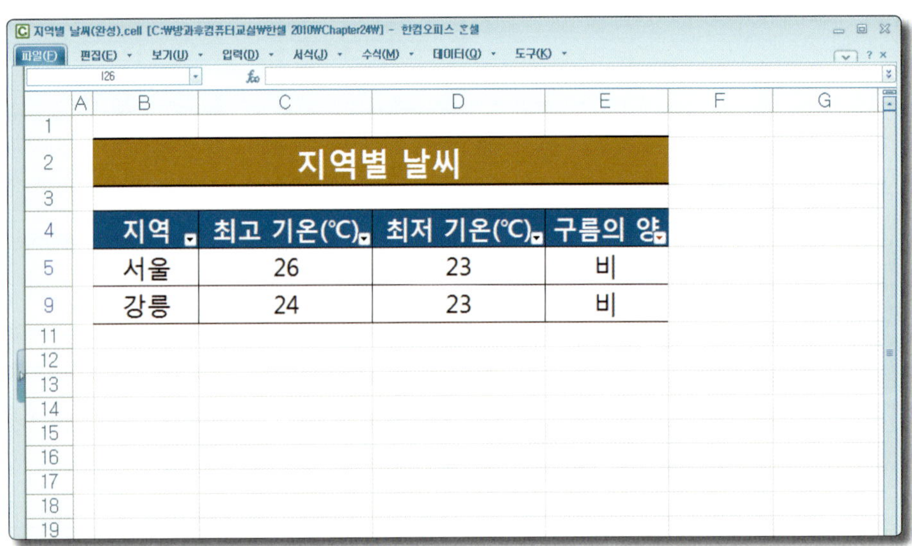

단원 종합 평가 문제 정답

Chapter08(44페이지)

01 셀	05 ①
02 ④	06 ④
03 ④	07 ④
04 ②	08 ①

Chapter16(81페이지)

01 대비	05 ①
02 ④	06 ③
03 ②	07 ②
04 ①	08 ①

Chapter24(119페이지)

01 ①	05 ②
02 차트	06 ④
03 ③	07 ④
04 ①	08 ③

지금까지 배웠던 기능들을 이용해서 재미있고 유용한 자료를 만들어 보세요.

마무리 싹싹

전화번호를 재미있는 말로 바꾸어라!
7월의 통장 잔액을 구하라!
이야기 십자말풀이를 하라!
두 분수의 크기를 비교하라!
물체를 분류하라!
장보고 연표를 꾸며라!
지구와 금성 사이의 거리를 구하라!
옷에 무늬를 넣어라!
끝말잇기를 하라!
빵을 똑같이 나누어라!
정원을 그려라!
물의 상태 변화를 꾸며라!

01. 전화번호를 재미있는 말로 바꾸어라!

전화번호를 조사한 표입니다. 구이 전문점, 운동용품 전문점, 페인트 가게, 주유소의 전화
번호를 다른 가게(회사)의 전화번호와 같이 기호와 재미있는 말로 바꾸어 보세요.

- 구이 전문점 : ◎◎◎◎
- 페인트 가게 : ♣♣♣♣
- 운동용품 전문점 : ☆☆☆☆
- 주유소 : ■■■■

재미있는 전화번호

가게(회사)	전화번호	재미있게 바꾼 말
이삿짐 회사	○○○○-8224	◆◆◆◆ 빨리이사
중고품 가게	○○○○-4989	◇◇◇◇ 사고팔고
치과	○○○○-2875	●●●● 이빨치료
구이 전문점	○○○○-9292	
여행사	○○○○-7788	★★★★ 칙칙폭폭
운동용품 전문점	○○○○-0049	
페인트 가게	○○○○-7777	
주유소	○○○○-5151	

📁 마무리싹싹\문제01.cell

02. 7월의 통장 잔액을 구하라!

3월의 통장 잔액은 87,000원입니다. 4월부터 7월까지 매달 10,000원씩 입금한다면 7월의
통장 잔액은 얼마인지 채우기 명령을 사용하여 구해 보세요.

📁 마무리싹싹\문제02.cell

03. 이야기 십자말풀이를 하라!

이야기 십자말풀이를 한 후 정답에 글자 서식과 맞춤 서식을 지정해 보세요.

- 글자 서식 : 글꼴(휴먼엑스포), 글자 크기(20), 글자 색(바다색)
- 맞춤 서식 : [가운데]

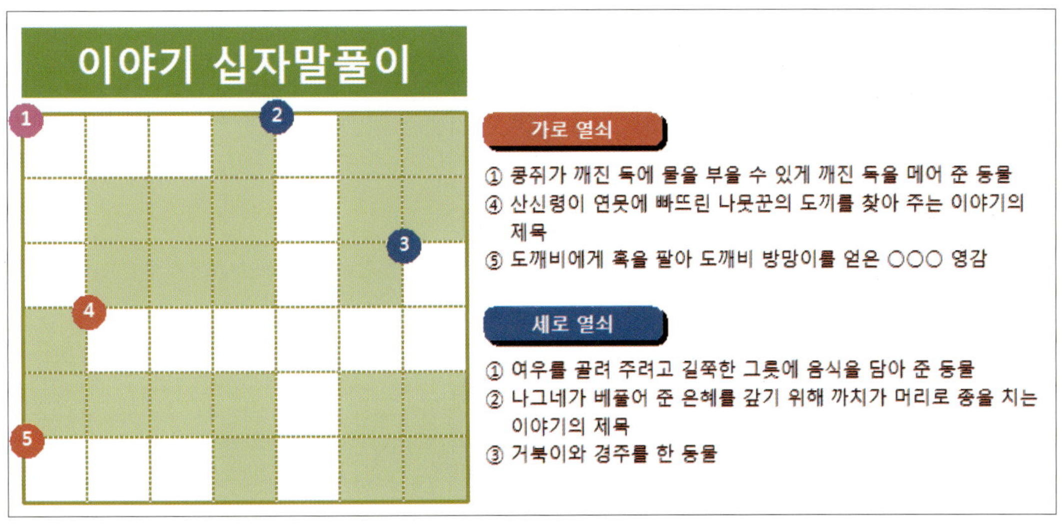

📁 마무리싹싹\문제03.cell

04. 두 분수의 크기를 비교하라!

가와 같이 나에 $\frac{3}{4}$만큼 채우기 색(진달래색 60% 밝게)을 지정한 후 두 분수의 크기를 비교하여 ? 안에 비교 연산자(>, <, = 등)를 알맞게 입력해 보세요.

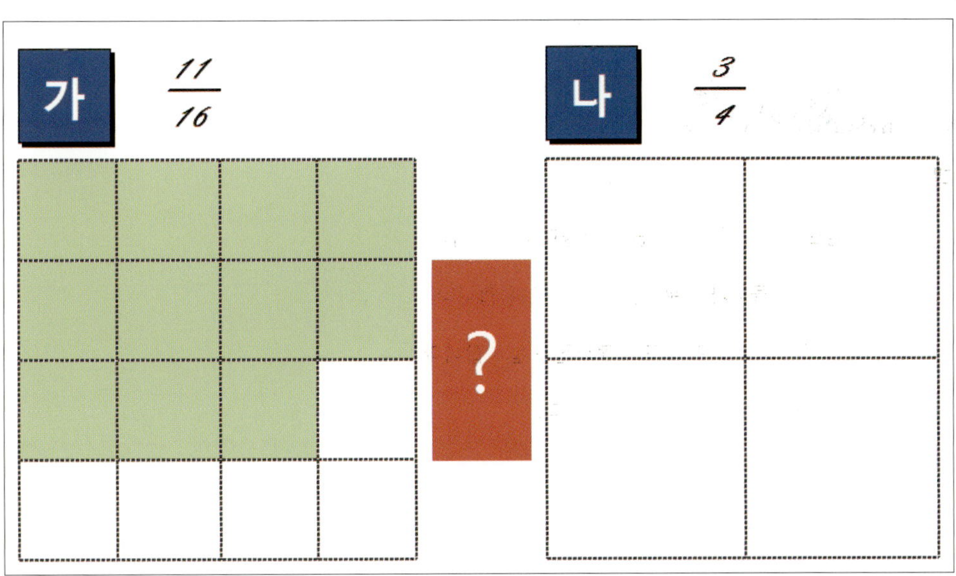

📁 마무리싹싹\문제04.cell

여러 가지 물체가 있습니다. 채우기 색을 지정하여 만드는 재료를 기준으로 **보기** 와 같이 나무로 만든 물체(멜론색 60% 밝게), 고무로 만든 물체(진달래색 60% 밝게), 철로 만든 물체(에메랄드 블루 60% 밝게)로 분류해 보세요.

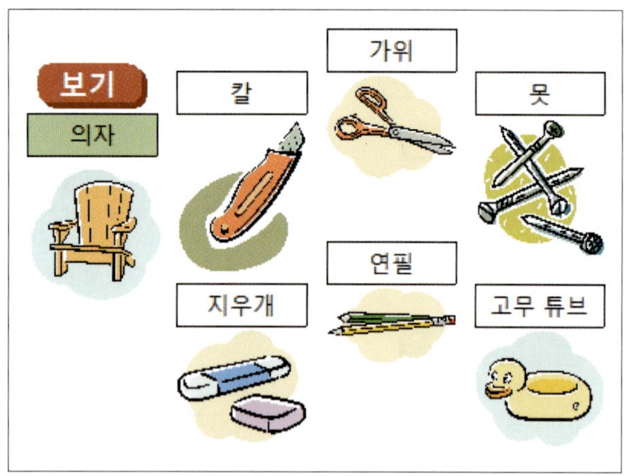

📁 마무리싹싹\문제05.cell

장보고 연표입니다. 테두리 서식과 채우기 색을 지정하여 장보고 연표를 꾸며 보세요.

• B4:C10셀 범위 : 테두리 서식(테두리 종류(──), ▦[위], ▦[아래] → 테두리 종류(------), [안쪽])
• B4:C4셀 범위 : 테두리 서식(테두리 종류(══), ▦[아래]), 채우기 색(바다색 60% 밝게)

장보고 연표

연대	주요 생애
미상 (790년경)	전라남도 완도군에서 뱃사공의 아들로 태어납니다.
810년	당의 군대에 들어가서 무령군 소장 벼슬을 합니다.
828년	신라로 돌아와 지금의 완도에 청해진을 설치합니다.
840년	당, 일본과 활발한 국제 무역을 합니다.
841년	옛 부하였던 염장에게 암살을 당합니다.
851년	청해진이 철폐됩니다.

📁 마무리싹싹\문제06.cell

 지구와 금성 사이의 거리를 구하라!

태양과 행성 사이의 거리를 조사한 표입니다. 수식을 입력하여 금성과 지구 사이의 거리를 구한 후 차트를 작성해 보세요.

- **차트 데이터 범위** : [Sheet1] 시트의 B4:C12셀 범위
- **차트 종류** : [값(Y) 축 간격 좁게 표시 묶은 세로 막대형]
- **차트 스타일** : [초록색/붉은색 혼합, 흰색 테두리, 그림자 모양]
- **영역 배경 설정** : [영역 배경 – 하늘색/연하늘색 그러데이션]
- **범례** : 범례 표시 안 함

행성	태양과 행성 사이의 거리
수성	5,806만 km
금성	11,000만 km
지구	14,960만 km
화성	23,000만 km
목성	78,000만 km
토성	143,000만 km
천왕성	287,000만 km
해왕성	450,000만 km

차트

지구와 금성 사이의 거리

📁 마무리싹싹\문제07.cell

 옷에 무늬를 넣어라!

워드숍을 사용하여 보기와 같이 옷에 무늬를 넣어 보세요.

- **워드숍 삽입** : 가나다[채우기 – 무지개색, 회색그림자, 일자형 모양], 내용(한글사랑), 글꼴(휴먼편지체), 크기(72), 글꼴 속성(진하게)
- **워드숍 도형** : [원통 위]
- **그림자** : [그림자 모양 18]

📁 마무리싹싹\문제08.cell

09. 끝말잇기를 하라!

보기 와 같이 그림을 삽입한 후 끝말잇기를 해 보세요.

• 그림 삽입 : 찾는 위치(C:\방과후컴퓨터교실\한셀 2010\마무리싹싹), 파일 이름(교실)

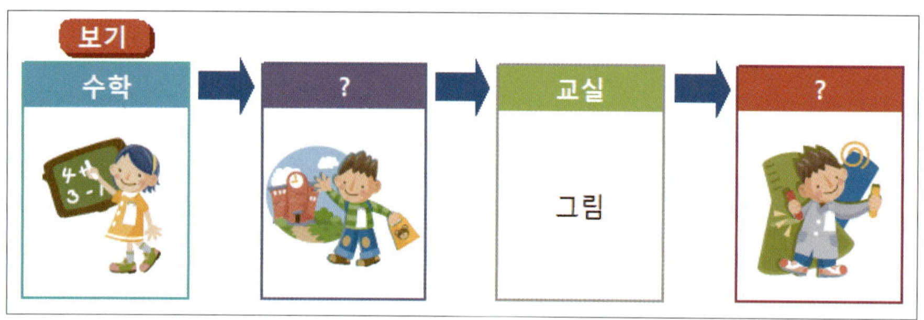

📁 마무리싹싹\문제09.cell

10. 빵을 똑같이 나누어라!

빵을 7개 더 복사한 후 접시 2개에 똑같이 나누어 **보기** 와 같이 그릇에 담아 보세요.

📁 마무리싹싹\문제10.cell

 정원을 그려라!

정사각형 왼쪽 아래, 오른쪽 위, 오른쪽 아래 꼭짓점에 보기와 같이 정사각형의 꼭짓점이
정원(완전히 동그란 원)의 중심이 되는 정원을 그린 후 채우기, 선 색, 선 굵기를 지정해 보
세요.

- 채우기 : 색 없음
- 선 굵기 : 4.5 pt
- 선 색 : 루비색

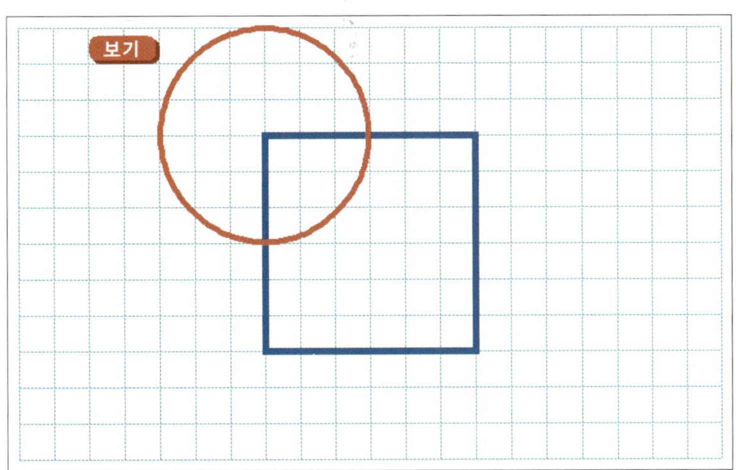

📁 마무리싹싹\문제11.cell

12. **물의 상태 변화를 꾸며라!**

물의 상태 변화입니다. 채우기, 선 종류, 그림자 색을 지정하여 물의 상태 변화를 꾸며 보세요.

- 기체 도형 : 채우기(루비색 60% 밝게), 선 종류(선 없음), 그림자 색(루비색)
- 고체 도형 : 채우기(진달래색 60% 밝게), 선 종류(선 없음), 그림자 색(진달래색)
- 액체 도형 : 채우기(멜론색 60% 밝게), 선 종류(선 없음), 그림자 색(멜론색)
- 화살표 : 채우기(에메랄드 블루 60% 밝게), 선 종류(선 없음), 그림자 색(에메랄드 블루)

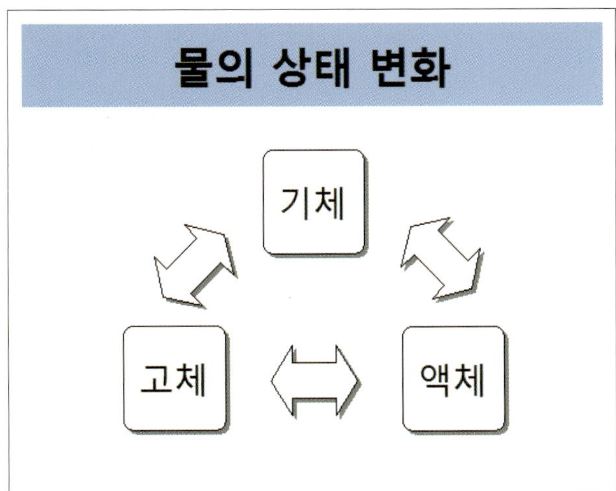

📁 마무리싹싹\문제12.cell

가게(회사)	전화번호	재미있게 바꾼 말
이삿짐 회사	○○○○-8224	♦♦♦♦ 빨리이사
중고품 가게	○○○○-4989	◇◇◇◇ 사고팔고
치과	○○○○-2875	●●●● 이빨치료
구이 전문점	○○○○-9292	◎◎◎◎ 구이구이
여행사	○○○○-7788	★★★★ 칙칙폭폭
운동용품 전문점	○○○○-0049	☆☆☆☆ 공공사고
페인트 가게	○○○○-7777	♣♣♣♣ 칠칠칠칠
주유소	○○○○-5151	▣▣▣▣ 오일오일

📁 마무리싹싹\문제01(정답).cell

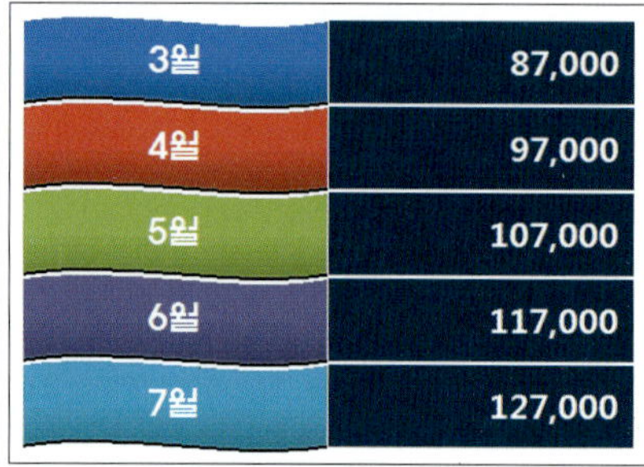

📁 마무리싹싹\문제02(정답).cell

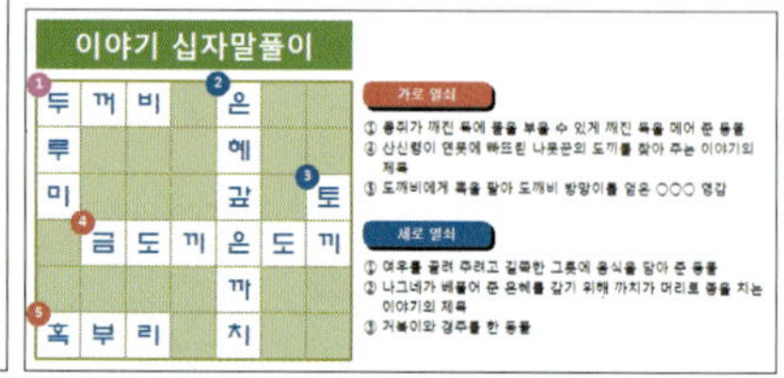

📁 마무리싹싹\문제03(정답).cell

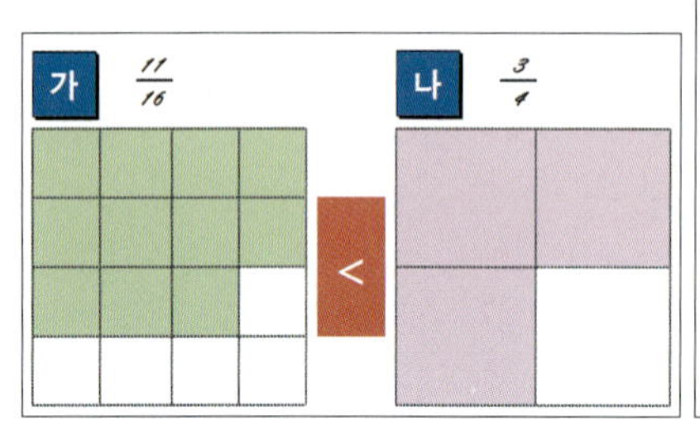

📁 마무리싹싹\문제04(정답).cell

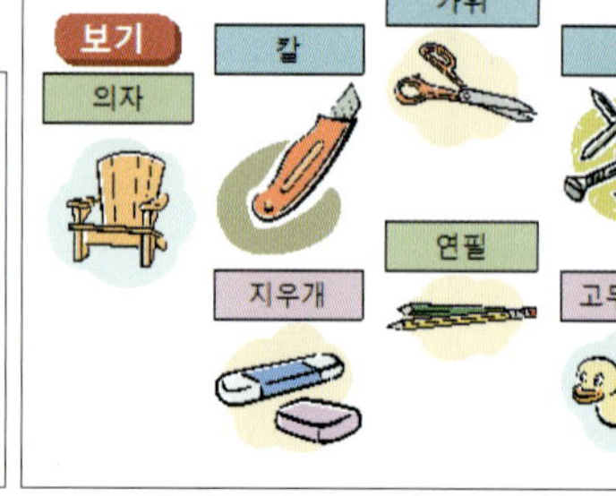

📁 마무리싹싹\문제05(정답).cell

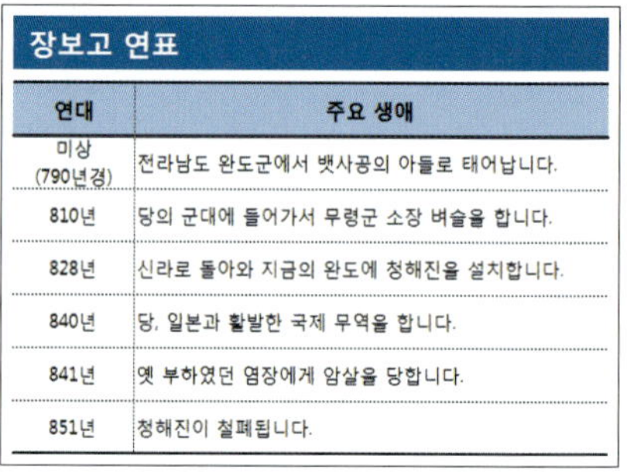

연대	주요 생애
미상(790경)	전라남도 완도군에서 뱃사공의 아들로 태어납니다.
810년	당의 군대에 들어가서 무령군 소장 벼슬을 합니다.
828년	신라로 돌아와 지금의 완도에 청해진을 설치합니다.
840년	당, 일본과 활발한 국제 무역을 합니다.
841년	옛 부하였던 염장에게 암살을 당합니다.
851년	청해진이 철폐됩니다.

📁 마무리싹싹\문제06(정답).cell

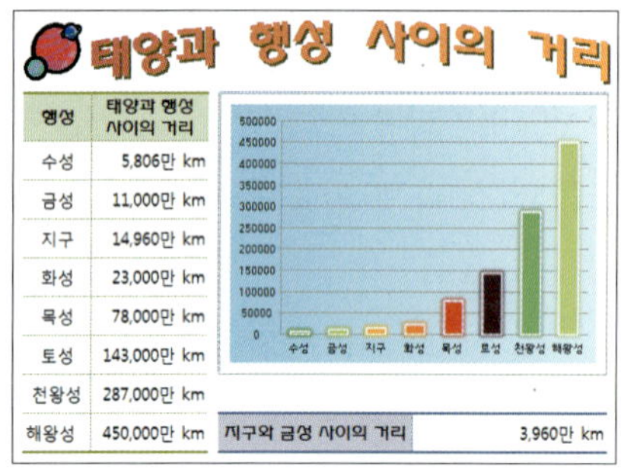

행성	태양과 행성 사이의 거리
수성	5,806만 km
금성	11,000만 km
지구	14,960만 km
화성	23,000만 km
목성	78,000만 km
토성	143,000만 km
천왕성	287,000만 km
해왕성	450,000만 km

📁 마무리싹싹\문제07(정답).cell

📁 마무리싹싹\문제08(정답).cell

📁 마무리싹싹\문제09(정답).cell

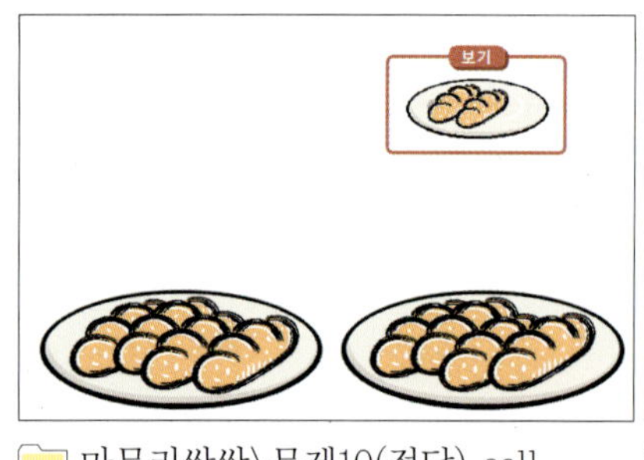

📁 마무리싹싹\문제10(정답).cell

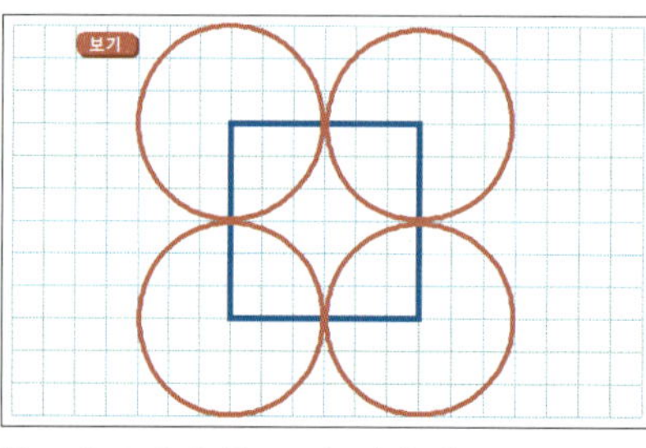

📁 마무리싹싹\문제11(정답).cell

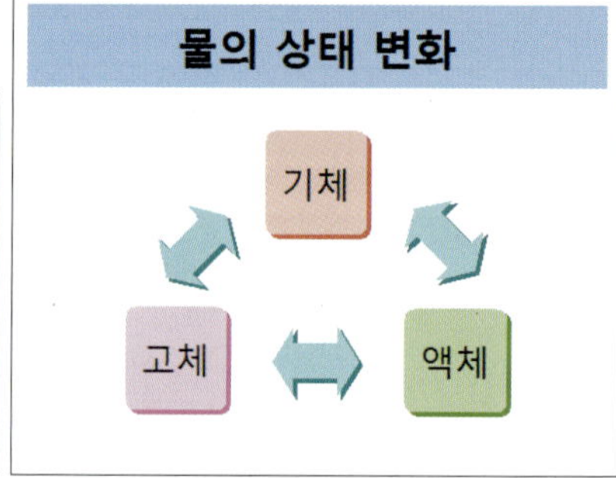

📁 마무리싹싹\문제12(정답).cell

※ 정답 파일은 렉스미디어 자료실에서 다운로드 받을 수 있습니다.